U0014413

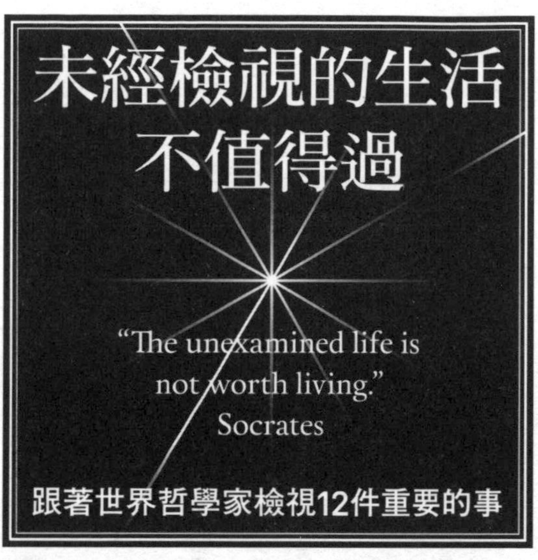

白取春彥╳冀劍制

Haruhiko Shiratori
Chi, Chien-Chih

Business Weekly Publications

〈編輯的話〉

台日合作《未經檢視的生活不值得過》出版緣起

兩年前的春天，日本出版社 Discover 21 海外事業部主任來台灣，在與商周出版的會議上，他談到該社正在推動的跨國合作出版企劃。商周出版的同仁對這個企劃形式相當感興趣，經過熱烈討論後，這位主任立即一通電話打回東京說明，並得到該社社長「可行」的指示。

就這樣，我們雙方敲定了合作出版由日本作者白取春彥，和台灣作者冀劍制共同執筆的作品。白取春彥的百萬暢銷書《超譯尼采》在台灣也是由商周出版推出，並且也是台灣的暢銷書。冀劍制是台灣的知名學者，出版過好幾本向年輕人介紹邏輯思考與哲學思想的暢銷書。這兩位作者將齊心合力，創作一本對人生有用的哲學書籍。

現在，在音樂和影像的領域，常常可以看到創作者跨越國境，共同製作一部作品。但是在出版這個領域，綜觀世界都還找不到類似的案例。而 Discover 21 所期望的並非各國在自己國內完成各自的出版工作，而是有機會讓不同國家的人共同創作、出版，達到促進世界相互理解、交流的目的。

二〇一四年，Discover 21 透過與中國出版社的合作，提出日本與中國的作家共同創作一部小說的企劃，並於二〇一七年成功推出了《Extension World》這部作品。接下來推出的就是《未經檢視的生活不值得過》這本書了。

新書的內容企劃經過多次討論，最後主題定為十二位哲學家的思想。首先請兩位作者各自寫作，然後翻譯，再透過討論、調整與編輯作業，整整花了兩年的時間。這個企劃同時具有實驗性質，開始時甚至無法預知最後會成為怎樣的作品。

如今，這本書終於能夠呈現給台灣與日本的讀者。它猶如具有生命的有機體一般，承襲蘇格拉底到沙特兩千年人類智慧的ＤＮＡ，並由兩位作者一字一句地為它灌溉、給予養分，在不同文化環境、編輯方式的交互影響下，「成長」出獨一無二的樣貌，著實令人感到驚喜。

特別值得一提的是，兩位作者筆力各有不同。冀劍制以人生經驗為例，談到哲學如何在人的成長過程中，助我們一臂之力；理性思辨讓人意會到問題所在，並能豁然開朗。白取春彥則再三強調人們該如何跳脫社會框架，活出屬於自己的價值，如此才能在這個世界生存下去；感性的澎湃讓人讀來欲罷不能。

每篇末兩人之間的一問一答，激盪出思維的火花。

蘇格拉底有句名言：「未經檢視的生活不值得過。」在生命的每個轉角，我們都能遇見一位哲學家，受到其思想的震撼與指引，帶領我們檢視最基本而重要的事。

希望看到這本書的讀者，不管你們身處這世界的哪個所在，都能活出屬於自己的人生。

台灣　商周出版編輯室
日本　Discover 21 編輯部

Contents 目錄

〈前言〉

哲學的救贖

白取春彥

「哲學是什麼？」

「哲學是探究真理的學問。」

在過去，若有人提出這個問題，應該會得到上述的回應；但所有人都從未質疑過這個答案。這大略是因為，還是有不少人都夢想著，真理確實是存在於某個遙遠的地方吧。

在我十多歲的時候，因為常常聽人說，或是從書本中看到「哲學是探究真理的學問」這句話，所以就信以為真，試著去學習一些哲學。

但結果是，我沒有辦法透過哲學找到真理；但我並不因此而感到失望。相反地，我發現這些哲學書籍陳述的理論對於我們的生存方式大有助益。

若我曾經從任何一本哲學書籍中找到真理的話，現在又會變成什麼樣子呢？我馬上可以想像得到。我會高興得無法言喻嗎？不是的，我應該會丟開那本哲學書籍，然後再也不會熱衷於學習哲學了。

這個理由一點也不難理解。因為，若真理是如此昭然若揭，就會減損了我生存下去的動力。

我們正因為覺得生存本身就是個謎，所以才能夠繼續生存下去。若事先告訴我們人生和人類是怎麼一回事，且一點也不神祕的話，我們會失去生存的動力。同樣地，若提早給予我們可以活一輩子的金錢的話，接下來數十年我們應該也會失去工作的意願了吧。

未知的事物總是能吸引我們的注意。世界是未知的，我們的身體、生命和生存方式也都是未知的。

若哲學可以針對這個未知果斷地提出「這就是真理」的證明，那又會是什麼樣子呢？這就如同給了我們一份完美無缺的人生使用說明書一樣。

而生存其實就是我們憑自己的意志踏入未知的領域。即使有些人認為自己每天都重複做著同樣的事情，但對這個人來說，每天都是新的未知的一天，也會根據自己的生存方式而有所不同。

只要思考一下，具有肉體的我們為什麼會存在這裡，就可以了解了。如果有關生存方式已經有了不可動搖的客觀性真理，也明確規範了什麼才是最好的生存方式，那麼每個人就不需要再以肉身活出新的每一天了。

因此，我們不需要執著於確認真理的所在之處，或者真理是否存在。我們若是不能理解自己與他人，那麼即使再繼續探究「人類是什麼？」這個自古以來的議題，也是毫無意義。真正能夠回答「人類是什麼？」這個問題的，就是自己實際上的生存方式。

另外，不管對於哲學的命題提出什麼樣的回答，這些都只是在學術研究範疇內的論述，對我們來說其實是沒有什麼幫助的。真正的答案並不存在於學術研究的論述，而是存在於每個人各自的生存方式中。

那麼，我們該採取什麼樣的生存方式呢？我們該用什麼觀點去看這個世界，並找出屬於自己的意義與價值呢？這個時候，原本沒有給我們什麼答案的哲學書籍，就可以發揮作用了。

這是因為，哲學書籍記載的都是前人以自己的經驗去徹底思考的結果。哲學家也跟我們一樣是人，也都在自己的人生中體會過相似的辛酸與痛苦。他們因此開始思考，「這到底是一個什麼樣的世界？」然後推衍出屬於自己的世界觀與人生觀；這就是各種的哲學理論。

年輕人正要開始了解人生；也開始對自己無論如何都無法理解的各種事物、社會的冷漠與嚴苛、難以理解的現象、令人感到困頓迷惘的處境疑惑不已吧。因此我推薦各位試著學習哲學。

其中一種哲學的思考方式與觀點，一定可以成為解決你的問題的關鍵；或者也可以給予你希望和勇氣。而哲學就會成為我們的救贖。

〈前言〉
影響人生的哲學家們

冀劍制

曾經有一天，在一個廣播節目的訪談中，主持人問了我一個問題：「哪一位哲學家，或哪一個哲學理論，對你的影響最大？」

這個問題，讓我瞬間搭上時光機，回到初見哲學的十五歲輕狂年代，再一路浮光掠影，回到幾十年後的現在。記憶如雪片般撒滿天空，恍若隔世。我深深吸了一口氣，感到難以回答。這幾乎是在問：「人生中哪一段青春年華最精彩？」「哪一段歲月的成長最有價值？」我搖搖頭，嘆了口氣，「無法比較。」

十五歲那年，我讀了《天地一沙鷗》（*Jonathan Livingston Seagull*），便開始醉

心於所謂的「生命境界」，幻想著超越一切障礙，將一切不可能變成可能。那個時候，哲學對我來說，幻想的成分很大，以為人生有著無窮的可能性。但隨著知識的增加，人也越來越向現實低頭、越來越少不合情理的幻想。

十八歲之前，我接觸了邏輯謬誤的理論與存在主義的生命觀，同時開始對邏輯思考和虛無的人生況味感興趣。兩者雖然看起來差異很大，但其實沒有立即的衝突，因為探討的議題不同。而且，如果還沒有能力將所有思想融會貫通，就算理論背後的某些基本原則有衝突，也不會有任何格格不入的感覺。

在準備大學哲學系的轉學考試時，我第一次讀到「唯心論」。這個理論主張世界上所有一切物質都是虛幻的，只有心才是真實的存在。這個理論對我的衝擊很大，讓我對世界產生完全不同的想像，興奮了好幾天都難以成眠。

當然，現在已經很難想像那是一種什麼樣的心情。因為已經太過習慣各式各樣不同世界觀的理論，也習以為常了。或許，當我又看到一種新的世界觀時，會再次感到興奮，但程度自然差別很大。因為當年，或許是我第一次張開智慧的雙眼，從完全不同的角度擁抱世界。

進入哲學系之後，各式各樣的理論與哲學家，伴隨精彩、豐富的人生體驗，帶來各種生命的衝擊，打開不同方向的眼界、開拓未曾經歷過的情感，在哲學的世界中雕塑成長。

記得在大二的某一天，我和一位學長談起讀《論語》的心得，我說：「某些話語，讓我感動得流下眼淚。」想不到這句話很快傳了開來，有好幾位學長聞風而來，想瞧瞧我這位會被《論語》感動的怪胎。「這很奇怪嗎？」我很不以為然。因為，只要不要用聖人的眼光看孔子，把他當成隔壁的鄰居阿伯，有血有淚、有熱情也有沮喪。那麼，你會很容易被書裡的真心與真情打動。

這本書所寫的，主要是最近幾年來，從這些哲學家們的思想中啟發的心得。無法回溯到那最早被哲學打動的年代。當然，那時的思維必然缺乏深思熟慮，也未必值得分享。

然而，這裡記錄的，也未必完全屬於這些哲學家的思維，裡面或多或少，摻雜了我個人的領悟與解讀。而我要分享的，其實也就是這些領悟，期待這些能促使我成長的智慧心得，也能帶給年輕讀者助益。

不過，我的成長還沒到達終點，即使在寫這本書的過程中，也還在持續進行。如果問我，還想談談什麼樣的哲學，以及最近又在什麼哲學中得到新的智慧。我會回答：「斯多葛主義」。那是一種生命實踐的智慧，必須在鍛鍊出強韌的生命力，以及崇高的品格之後，才能真正領悟的境界。

除此之外，我還很想談談目前正陶醉於其間的，「量子力學的哲學觀」。它帶給我一個跨越現實，回到幻想時代的機會。讓我意識到，這個世界的真相，似乎遠遠超過我們的想像。它讓我掙脫長久以來被現實世界觀拘禁的牢籠，讓心靈再次展翅高飛。或許，再過幾年，當我在相關領域有了新的成長，就可以再次分享不同的生命經驗。

這本書的企劃，是跨國的、奇特的。寫作過程中，有著許多新鮮有趣的體驗。至少對我來說，是個很棒的嘗試。很感謝雙方編輯的辛勞，讓我有這個機會參與這個特別的企劃。也要特別感謝白取老師的不吝指教，以及願意共同努力完成這本著作。謝謝！

於華梵大學文學院薈萃樓

第一章

祕境探險尋找真理

1

跟著蘇格拉底檢視「認識自己」

——認識自己，可以活得更好

蘇格拉底，他是一位在兩千多年前活躍於希臘的哲學家，算是西方哲學最重要的開端。「西方哲學之父」的榮耀給了比他更早的哲學家泰利斯，但以實質影響力來說，蘇格拉底才是真正的哲學之父。他的哲學流傳於世，影響後人，要歸功於把他的學說寫下來的哲學家弟子柏拉圖。

在蘇格拉底的各種想法中，事實上也是在所有我學過的哲學中，對我影響最深的人生智慧，就是他所提倡的「**無知之知**」，即「**知道自己無知的知識**」。

然而，這種知識並不容易獲得，因為它跟其他可以簡單用文字承載的知識不同，它無法直接告訴你任何東西，甚至沒有知識內容。換句話說，如果我們無法將它轉換成一種可以在生活中開闊視野的智慧，它不過是個好聽的哲學名詞，沒有任何價值。也因此，當我在大學時期讀到這個哲學想法時，並沒有什麼特別的感覺，甚至隱隱覺得這種說法有些過度謙虛的矯情（明明很有知識卻故意說自己無知），但在日後的潛移默化中，逐漸體會其奧妙。這個影響力，至今未衰，不斷協助我成長，開啟新的視野。

為何蘇格拉底最有智慧？

這個「無知之知」的哲學有個故事源頭。據說有一天，蘇格拉底的一位朋友去神殿占卜：「蘇格拉底是否是最有智慧的人？」占卜結果是：「對！他是最有智慧的人。」這位朋友很高興地去跟蘇格拉底說，但是蘇格拉底很疑惑，因為他覺得自己滿無知的，怎麼會是最有智慧的人呢？於是他開始去拜訪許多當時以豐富知識與辯才聞名的人士，然而這些人都被他問倒了。最後他得出一個結論：「原來神之所以認為我是最有智慧的人，是因為我至少知道自己的無知，而其他人卻連這個都不知道。」

之後，蘇格拉底的許多年輕追隨者，也想知道別人是否具有這種「無知之知」，便依據蘇格拉底的對話方法，到處去質問人各種問題，以及詢問別人是否知道自己的無知。他們特別愛去問那些以豐富知識與辯才著名的人物，因此得罪了很多人，也讓蘇格拉底招來報復的禍害。結果，一群缺乏思考能力、情緒容易被煽動的烏合之眾表決，判處蘇格拉底死刑。這事件也讓他的弟子——柏拉圖，對民主制度感到厭惡。想想今日，民主政治其實仍然有著類似的問題。

有誰覺得自己很無知？

想想看，假設有一天，你在街上遇到有人跑來問你：「你知道自己的無知嗎？」你會怎麼回答呢？

難道你會回答：「對呀！我知道我很無知！」你會這麼說嗎？應該不會吧！誰會這麼說？怎麼可能有人會覺得自己無知呢？再怎麼樣，就算只上過小學，也懂了不少知識！就算沒念過書，也從長輩那裡學到不少東西吧！如果有人回答自己很無知，感覺上應該是很矯情、很虛偽。

蘇格拉底把「無知之知」和「認識自己」放在一起，他認為，認識自己的人便知道自己的無知。然而，如果我們都不知道自己無知，是不是表示我們實際上不認識自己呢？

要回答這個問題，可以從我和一個學生的對話談起。在我的教學生涯中，曾經遇見一個有趣的學生，在一門必須繳交期末論文的課程中，這位學生不想寫，而且認為自己有資格不用寫。理由是，他已經得到蘇格拉底的真傳：認識自我，知道自己是很無知的。既然無知，就沒辦法寫論文了，因為寫論文本身就是自以為自己知道些什麼。既然他已經達到「無知」的境界，自然沒什麼東西可寫了。所以，他主張自己不用寫論文，而且還應該得高分。

這位學生的推理聽起來還滿有道理的，也算哲學沒白學吧！但這招用在哲學教授面前就有點班門弄斧了。我那時就問他：「你知道自己叫什麼名字嗎？」

他回答說，「當然知道啊！」

我接著說：「那你的論文至少可以寫個名字吧！」

他聽了還挺高興的，「沒問題！」他大概是想，只要寫個名字就行了，真是太省事。我接著說：「你既然知道你的名字，那就不能算是無知了！」所以，你還沒達到蘇格拉底的境界，需要再想想為何沒達到，你就以此為題寫一篇論文吧！他聽了無法反駁我，只好去寫論文了。

「無知之知」並非「知道自己什麼都不知道」

試想一下，如果我們去問蘇格拉底本人：「你知道自己的名字嗎？」難道蘇格拉底會說「不知道」？所以，把無知之知理解成「知道自己什麼都不知道」是不恰當的。

我們應該怎麼解讀「無知之知」呢？

大體上有兩種解讀方式：第一種是說：「我們沒辦法確認任何知識一定是對的！」

在柏拉圖所著蘇格拉底的《對話錄》裡，常常會出現蘇格拉底詢問眾人一些較為基礎的知識。例如，談到正義，他會繼續追問：「何謂正義？」不斷向知識的根源處探詢。如果我們對各種知識的反省達到很深的地方，將會發現很難找到確定不移的知識基礎，作為一切知識的根基，也很難說哪一種知識是絕對不會錯的。有了這樣的認識之後，的確會形成一種智慧，讓人不會太過執著於任何道理，比較不固執，但有時會比較沒什麼原則。

西方哲學學多了，大致上可以獲得這種智慧，因為西方哲學教育就是教人不斷深入思考、不斷質疑各種想法，以致於可以看見各種知識的不穩定基礎。

不過，關於「無知之知」我想要談的是另一種解讀，也是我個人覺得很了不起的一種智慧，就是看見自己的無知，即真正「知道自己的無知」。

當然，這種「無知」不是「什麼都不知道」，而是「知道自己某些東西不知道」，也就是「知道自己在某些領域是無知的。」

「知道自己某些東西不知道」的智慧

說到這裡，感覺像是在說廢話，因為世界上根本不會有人真的覺得自己什麼都知道，當然知道自己某些東西不知道。然而，這是否表示世界上所有人都具備「無知之知」的智慧了？

事實不然。在日常生活中，每個人都有許多時候「以為自己在某些方面很懂，但事實上卻不是這樣。」從柏拉圖所著的《對話錄》來看，當時許多名士很愛談論「正義」、「善」、「美」等概念，事實上他們對於這些東西處於無知的狀態而不自知。直到被蘇格拉底追問答不出來之後，才承認自己這方面的無知。

這種解讀的「無知之知」是說，我們實際上在某些方面很無知，自己卻不知道。這就是缺乏無知之知的狀態。但是，當我們具備看見自己「無知」的能力，就能知道自己在這些方面的無知。如此一來，我們可以盡可能地擺脫「自以為知道，實際上卻不知道」的處境。這就是一種很了不起的智慧。

非專業領域的無知之知

舉個例子來說，前一陣子，我在網路上看見一則有趣的留言，一個和許多作者打過交道的出版社資深編輯，他說：「許多作者對自己寫的東西缺乏信心，但是對於封面設計卻充滿了自信。」

我看了這個留言之後，覺得非常有趣。因為在我出版第一本書時，其實也有類似心態。那個時候，雖然我在那本著作的領域算很專業了，仍然會擔心內容是否有什麼錯誤，缺乏自信心。可是，當出版社編輯給我看幾個封面設計時，我卻不知哪來的自信心，很想說三道四。不過幸好，我具有這方面的「無知之知」，我清楚知道自己不是封面設計的專業，所以我選擇了閉口。雖然每個人對封面設計都有好惡之心，可以針對個人喜歡與否發表意見，但是，對於一個封面設計是否能夠在書籍市場發揮功效，這屬於行銷與廣告的專業領域，我知道自己並不具備這項專業能力，因為我從來沒接受過這方面的訓練，所以即使我有莫名的信心，還是決定不談個人意見，讓出版社做決定。或者最多只說一下個人感覺與喜好，供出版社專業編輯參考，但不會堅持己見。

在這裡，有一個很值得思考的問題：為什麼我對自己的專業缺乏信心，反而對非專業領域有著莫名的信心呢？從認知的角度來說，這個現象一點都不奇怪。因為作者通常對自己寫的東西熟悉程度很高，不僅知道自己在此領域懂很多，也同時知道還有更多東西不知道（這其實就是經由更深的專業能力，而在此領域達到具備「無知之知」的更高階段），所以容易信心不足。但一般作者通常對封面設計只是一知半解，只知道自己知道些什麼，但看不見自己在這方面的無知，在這種缺乏無知之知的認知狀態下，就容易產生莫名的自信心。這也是所謂的「半瓶水響叮噹」的原理。懂一點點的，因為看不見自己的無知，只看得見自己所知，於是形成一種自己很懂的錯覺。懂愈多的，知道自己還有更多東西不懂，反而出現自信心不足的情況。類似的事情很容易發生，因為對於自己不懂的東西，我們甚至連自己不懂都不知道。

缺乏感受的無知之知

以一個生活中常見的例子來說：唱歌。

實際上我從小就很缺乏音感，唱歌走調時自己都不知道。小時候，沒人說我唱歌好聽，我也常常納悶，我唱歌到底哪裡難聽了？有時聽到某些人嗓音不佳仍獲得許多掌聲，但每次我高歌一曲之後就是一片寧靜，最多也只有那種令人感傷、稀疏的同情掌聲。以前我常懷疑是不是自己人緣不好，所以沒人為我鼓掌，後來長大了，有朋友會說我唱歌走調，但是對於沒有音感的人而言，根本無法體會什麼叫做「走調」，我自然把「唱歌走調」理解成「唱歌難聽」。

想知道這種根本感受不到的東西，幾乎是不可能的事情。因此對當時的我來說，這種無知之知是遙不可及的。

後來我在學校擔任社團幹部，團體活動時，這個「走調能力」竟然發揮功效（也算是一種無用之用），帶來搞笑式的歡樂，同學們都以為我是故意的，因為怎麼可能有人在一句歌詞裡走調三次呢？事實上，我根本搞不清楚自己唱歌哪裡好笑了。直到多年後，我突然開始可以稍微感受到什麼是走調，終於慢慢理解這件事。事後想想，當人活在「不知道自己無知」的狀態下，其實還挺可怕的。

最難獲得的無知之知

當我們在某個領域無知時，自己很難察覺。我們很容易知道自己知道些什麼，卻很難知道自己不知道些什麼。因為既然不知道，那裡就是一片看不見的黑暗；既然是一片黑暗，就什麼也沒有，所以不知道是很正常的。想要知道，必須透過推理能力，不太可能直接發現。但是，如果沒有好的反思能力，就無從發現自己的無知。所以，最難獲得的無知之知，就是缺乏思考能力的無知之知。

近年來網路發達，有不少這類無知之知缺乏的案例。由於要知道自己缺乏好的思考能力需要還不錯的反思能力，因此在這種情況下，嚴重缺乏思考能力的人容易自以為思考能力很強，看不見自己的思考問題，而在網路上大肆發表意見。

有點反思能力的，很擔心自己說錯，反而不太會在網路上發言；而思考能力強的，也擔心自己或許有盲點而不自知，就算常常發言，也比較慎重。但是，缺乏思考能力的人，自以為不會有什麼錯誤，於是大膽評論，甚至譴責他人。結果網路意見的主流，往往由缺乏思考能力的人領軍，造成族群之間的分歧越來越嚴重。這是一個頗值得思考的社會問題源頭。

最常見的無知之知的缺乏

自己的無知很難自己發現，但我們可以透過觀察他人，發現這種缺乏無知之知的情況，日常生活中，缺乏關於教育的知識卻不自知就是一例。大多數的父母都自以為懂教育，常常會用很肯定的態度、依據某些方法，或是某些觀念教育子女。許多父母不知道自己其實不懂教育方法，甚至某些觀念大有問題。由於缺乏這種無知之知，反而很有信心去做自認為對孩子有助益的事，結果適得其反。如果父母知道自己其實在親子教養方面所知不多，就會去閱讀相關主題的書籍，或是諮詢專業意見，在這種情況下，比較有機會把事情做好。

另一種常見無知之知的缺乏，就是兩性的相處。大多數人不知道，如哲學家弗洛姆所強調，愛是需要知識與學習的。當我們缺乏對異性的了解，不懂得兩性相處之道，戀情往往會走得很坎坷，最後認為兩人個性不適合，只好分手。但事實上，有可能是因為缺乏某些知識而不自知。例如男人與女人在心境上、感覺上，有許多的差異，當我們不明白這些差異，相處上就容易導致誤解，難逃關係破裂的命運。如果我們具備這個無知之知，至少當衝突發生時，會去思考是否因為性別差異而導致問題，若仍有疑惑，也可以請教他人或參考兩性專家的建議，多少能避免因為缺乏此知識就無法消除的誤解。

無知之知的缺乏不只針對外在世界。大多數人都以為了解自己，對自己的一言一行，以及各種情緒反應，都知道為什麼如此，事實上不然。例如許多人大談正義，但所作所為只是在爭取個人利益，當然有人是偽裝的，不過更多人是根本不了解自己的內心世界。當我們不知道自己其實並不了解自己時，就阻斷了重新發現自己的契機。當我們發現別人如此時，就可以試著想想看，自己在某些方面是否也陷入不了解自己而不知道的境地呢？這種可能性其實非常大，只要能發現這點，並具備這樣的無知之知後，就開啟了一條認識自己的道路。

除了這些生活中常見的無知之知，還有很多無知之知對於提升我們的智慧大有幫助。

對陌生人的無知之知

無知之知的缺乏，也可以說明為何許多人缺乏同理心。當我們看到一段霸凌影片，即使影片裡的人都是陌生人，大多數人會同情被霸凌者。但是，如果影片換成是警察押解罪犯，而罪犯被路人追打，即使對你來說，被害人與加害人同樣都是陌生人，你可能心中一陣痛快，甚至鼓掌叫好，同理心完全消失。為什麼會這樣呢？

我們對該罪犯的生平事蹟、什麼因素導致犯罪等，完全一無所知，卻很容易忽視這種無知狀態，而把這個人的全部理解成是犯罪，好像此人一生就只有在做這件壞事。在這種情況下，他成了罪惡的化身，加上我們嫉惡如仇的個性，同理心自然難以發揮。當我們與陌生人發生衝突時，也會有類似的心理狀態。

如果我們注意到這種無知，也就具備了關於此人的無知之知，於是我們也許能夠想像當罪犯還是天真的幼童時，曾經遭到虐待，或是想像他其實是個愛護子女的好父親。在這樣的想像中，我們會感到疑惑，究竟發生了什麼事，導致他去殺人？難道這個人從來不曾出於善意，幫助過他人嗎？當我們思考愈多，填補愈多空白，憤怒便轉為疑惑，同理心逐漸恢復運作，讓我們脫離輕率而表面的判斷，進入更深的思考層面。

投資股票的無知之知

除了上述面向，「無知之知」在理財投資方面也很有用處。以投資股票來說，我們常會覺得「某些股票莫名其妙地大漲或是大跌」。但是事實上，股票不是人，不會無端大漲或是大跌（人也不會莫名其妙地情緒起伏）。漲跌（或是情緒起伏）背後一定有原因，我們之所以覺得莫名其妙，都是因為缺乏某些資訊。他人因為具備這些我們所不知道的資訊而大買或是大賣，導致股價的漲跌。也就是說，相對於某些別人擁有的資訊，我們處在無知狀態。

想到這裡，我們又獲得了一個無知之知。這個無知之知有什麼用呢？它讓我們知道，投資股票時，我們和別人是處於「不公平的競爭狀態」，在不公平的條件下，時間久了，我們終究會是落敗的一方。所以，多數散戶投資股票者最後大多以賠錢收場。

思考到這裡，結論並非一定不能投資股票，而是要設法脫離不公平的競爭狀態。例如，想辦法讓自己也成為提早獲得訊息的人，或是預防被錯誤或是過時的訊息誤導。要做到後者，可以考慮完全不理會任何媒體訊息，因為當今媒體容易被操控，常會有過時甚至錯誤的訊息左右我們的思考。隨機買賣股票說不定還更好，至少可以讓自己稍加脫離不公平的處境，減少被錯誤訊息誤導的機會。或者，也可以只做長期投資來賺取股利，這些都是讓自己脫離不公平條件的思考。有了這些思考，就比較能降低賠錢的風險。

許多股票投資人企圖在短時間內從股市賺到大錢，很認真研究媒體提供的各種訊息，還自以為占了便宜，其實是最吃虧的一方。由於某些人能獲得更多、更快速、正確性更高的訊息，在這種不公平的競爭條件上，除了運氣非常好的人以外，多數人都是失敗賠錢的一方。

戀愛中的無知之知

談完投資理財，來看看無知之知應用在戀愛上的例子。當男人看上漂亮的女人，或是當女人遇到很酷的男人時，常會迷戀對方而墜入情網。事實上，在這種情況下，雙方一點都不了解彼此，很多時候兩人就糊里糊塗地交往，甚至結婚生子，最後在柴米油鹽中，突然領悟到「原來兩人根本不適合生活在一起。」

到了這局面，怎麼辦呢？要是忍受得了，就繼續忍一忍吧！反正鐵杵都能磨成繡花針，個性不合有什麼了不起的。但如果忍不了呢？那只好離婚，下次結婚前，先認真認識彼此。這種局面，也經常是世間男女的感慨：「因誤會而結合，因了解而分開。」

如果當初能知道自己對對方處於無知的狀態，具備了這種無知之知，就不至於莽撞決定終身大事，而會各方面先多觀察，避免日後陷入婚姻的困局。

「無知之知」的人生妙用

除了這些人生大事，對我個人來說，隨時思考自己是否仍有什麼不知道，可以在做重大決定時再多想想，讓思考更周延。再舉個例子來說，過去幾年，我們是否曾經因為堅持些什麼而與人起了衝突，日後知識與經驗增長之後，便有了不同看法？在人生的成長過程中，我們會感嘆：「唉！當時真不該那樣做！」依據這樣的經驗，當我們現在又因為堅持些什麼而要與人起衝突時，是否可以想像一下，隨著時間與自我成長，日後我們會不會有不同想法了呢？我認為，這種可能性很大，也就是說，以智慧的眼光可以看見一件事情：「當我們目前在堅持些什麼時，很有可能未來知識增長後，想法有了改變，而認為這樣的堅持是沒必要的！」預想這種還不具備的知識，也是無知之知的一種。

依據這個原則，我們的想法未來都可能會改變，那現在是不是什麼都不用做了？當然不是。對於目前覺得有價值，而且看不到有什麼明顯問題的，雖然未來還是可能會改變想法，但至少做起來比較不會後悔。甚至有些事情在年輕時不去做，年長時反而會後悔。

這個「無知之知」的智慧是要告訴我們，凡事別太有把握，認為什麼一定是對的，即使犧牲很大也非做不可，或是有什麼生意，即使傾家蕩產也非投資不可。在我們具有無知之知時，就不容易過度肯定目前的想法，對於容易導致危險或有很大風險的事情，就必須再多思考，或是徵詢專業意見，在更有把握之後才行動。

面對道德的無知之知

在生活中，當我們看見別人做了不道德的事情時，如果也能打開智慧的雙眼，去尋找無知之知，有時會有更好的理解。例如，看見一個人隨地吐痰時，我們大多會感到很厭惡。可是有趣的是，如果自己吐痰，而且是有一個不得不的理由呢？我們通常覺得那也是沒辦法的事情。

例如，生病了身體不太舒服，咳嗽時突然有一口痰，很不巧地又沒帶衛生紙在身邊，總不能把一口痰吞下去吧，光想都覺得很噁心。不得不找個不會有人踩到的角落，趁人不注意的時候，把痰吐掉。若旁邊有土，還會用鞋子踢點土掩埋一下。平常根本不曾隨地吐痰，但遇到這種情況，總覺得自己不該受到譴責，理由是身體不舒服應該被體諒，而且忘了帶衛生紙並非什麼大罪過，也已經顧慮到他人，沒有隨地吐在會被人踩到的地方，因為旁邊有土，還順道處理了一下，算是仁至義盡了！

但問題是，旁人可不知道你發生什麼事、心中想什麼。從他人的眼光來看，只看見你「隨地吐痰」。旁人會怎麼想呢？「唉！這個人真是沒公德心啊！」如果有人在旁指責你沒公德心時，你必然感到很委屈，也許還會動怒跟人吵起來。而且因為生氣，很難好言好語說明自己生病了，以及各種想法，比較可能的反應是回說：「關你屁事啊！」旁人聽了會覺得你簡直不可理喻，做錯了事還這麼囂張，於是，一場衝突可能就爆發了。

但是，讓我們打開智慧的雙眼，嘗試去尋找我們所不知道的知識。當我們看見有人吐痰時，想一想，他為什麼這麼做？是不是有什麼事情是我們不知道的，當我們知道之後，會不會就有不同的想法？想到這裡，我們便獲取了無知之知，知道自己對他人為何吐痰這件事處於無知的狀態，在這種情況下，我們會有更多思考，會更主動去想一個不當行為背後的故事，即使不知道，至少知道很可能有些什麼我們不知道的事情。於是，我們就不太會立刻去指責他人，就算要說，也會客氣、謹慎一些。

除了道德問題之外，在日常生活中，看見討厭的人、看見上司提出自己不認同的政策、看見別人犯的錯，或是看到年輕人占用博愛座，都可以有類似思考。當我們具有無知之知，開始嘗試去搜尋目前無知的知識時，很多問題往往迎刃而解，也可以避免完全不必要的衝突。

無知之知與認識自我

許多有長期病痛的人往往脾氣不好，讓照顧者苦不堪言。我們可能會想，如果病人換成自己，一定不會這樣。但這可能一樣是缺乏無知之知的想法。當我們更了解病人長期以來遭受的身心折磨，就會有不同看法，也能想像如果自己面臨相同處境時，十之八九會有一樣的行為。

就像許多人覺得憂鬱症病人想太多，何必為一些事情自尋煩惱呢？這很明顯是對憂鬱症患者身心狀態的不了解所導致。因為，如果可以不去煩惱，誰會無聊想要這樣啊！我們不了解患者的感受，對於其身心狀態處於無知，但只要能知道自己這方面的無知，願意嘗試去了解，就不會做出自以為是的判斷。

透過無知之知的智慧向內自省，可以發現很多自己不認識自己的地方。例如，當自己對貪汙犯感到深惡痛絕時，不妨想想，在相同的情境下，是否能保證自己絕對不會貪汙？藉由思考這類問題，我們可以更加了解原本不認識的自己。所以，追尋這類無知之知，也是認識自己的一個重要步驟。這結合了蘇格拉底所認為的「無知之知」與「認識自己」的關連性。

化解死亡恐懼的無知之知

事實上，無知之知的智慧，對於我們內心最大恐懼——「死亡」，還有減緩甚至化解的功用。

佛學史記載，有些高僧在悟道之後，就不再感到死亡是一件值得恐懼的事情。換句話說，悟道就是獲得了某種知識，當我們具備這種知識時，就不再恐懼死亡。但因為我們目前不具備這樣的知識，所以仍然恐懼著死亡，也無法了解為什麼有人可以不怕死。

但是透過無知之知，我們可以知道，存在有一種我們目前尚未學會（仍然處於無知狀態）的知識，而且也同時知道，當我們具備這種知識之後，將不再恐懼死亡。也就是說，雖然我們在情感上仍然害怕死亡，但在理智上可以超越恐懼，知道死亡其實是一件不值得恐懼的事情。我們只不過是因為知識不足而產生恐懼。

雖然具備「死亡不值得恐懼」的無知之知無法立刻讓我們不恐懼，但至少可以放下這樣的恐懼，將眼光集中在各種美好人生上，盡情活出我們的生命色彩。

事實上，當我們正陷入任何恐懼、焦慮、憂鬱的情緒漩渦裡，或是落入極度的煩惱中，都可以套用這樣的無知之知：是不是有人在具備某種知識之後，可以脫離這種情緒的枷鎖？如果是的話，那麼，至少在理智上，除了尋求解決問題的方法，還有很好的理由可以去忽視這些惱人的情緒障礙，放下心來，讓它們自由來去，同時也可以追求這種知識，不讓它們在未來持續干擾我們的人生。

無知之知打開人生視野

當我們還不具備任何無知之知時，我們的知識，就等於我們全部的視野，眼光只能看到我們所知道的世界。但具備無知之知後，視野便超出了我們所擁有的知識。額外視野中的一切雖然是黑暗的，但能協助我們探求未知、學習未知，以及度過許多靠著視野就能度過的難關。

學習蘇格拉底的這項智慧，將它應用在日常生活中，嘗試開啟無知之知的生活。一段時間過後，我相信很快就會發現自己增長的智慧，以及它的妙用，能幫助我們在生活中減少煩惱，在人際關係中減少與他人的衝突，以及促進全方位的個人成長。

在我的成長經驗中，不斷發現新的無知之知，視野不斷地擴大，每發現一個新的原本不具備的無知之知，都是一次新的成長、新增的智慧，也添加一個人生中的喜悅。在這場學習過程中，生活更加和諧與自在。我也一直相信，還有更多的無知之知等待我去探索，而且永遠沒有結束的一天。

我的視野
=
我的知識
我的視野
我的知識
無知之知的進化

讀完這篇，希望讀者所獲得的不只是我已經提到的無知之知，因為對每個人來說，都還有更多、且更重要的無知之知等待自己去發掘。只要能看見這點，產生這樣的視野，自然也是一種無知之知：知道自己有很多無知還不知道。有了這個視野，算是在追尋自己的無知之知，以及追尋認識更多的自我中，踏上了一個永無止境的旅程。

問與答

白取春彥：就學者的常識來說，學問都只是假說。然而，一般人追求的卻是堅定不移的東西。例如說，對某件事情會持有「這是絕對正確的」類似觀點。這些人傾向於重視傳統，因為古往今來，連綿不斷的經驗告訴他們，傳統是具有普遍存在的價值。所以，像那些傳統的神祕學宗教活動還持續存在。

這些人堅信自己與知識發展的科學無緣。他們對哲學的認知是「大學裡的一部分人在做的很難的事」，從而對哲學敬而遠之。因此，離「無知之知」

也越來越遠。

在這樣的形勢下，我認為學者們在追求自己專業領域的同時，也有必要把哲學廣泛、通俗易懂地傳播出去，冀老師覺得如何呢？如果不這樣做的話，民粹主義政治、享樂主義、金錢主義等將會蔓延開來。

冀劍制：我很支持白取老師這個觀點，大學裡的哲學老師除了教學與研究之外，應該也要分擔一些推廣哲學的責任，因為這件事情對整體社會來說實在太重要了，否則確實容易導致許多像是民粹主義等的不良文化。

但是，這個推廣工作一直存在著非常艱難的困境。由於我們無法強迫大眾學習哲學，而願意主動學習的人，通常至少意識到自己在思考能力或人生智慧上有所不足，才會有所行動。也就是說，這些主動的人實際上已經具備某種程度的無知之知的智慧，才能發現自己的不足，進而渴望將觸角伸向陌生無知的世界，擴大自己的知識版圖。當獲得的新知越多，打開的新視界越廣，也就能發現更多的無知，而強化求知的慾望，繼續追求智慧的人生。

然而，越是缺乏無知之知的人，反而越有自信。誤以為自己知識非常充分，對自己的推理也有著莫名的信心，當跟人意見相左時，說起話來便咄咄逼人，反而讓喜歡理性思辨的人不願意跟他們討論問題，也就失去了發現自己不足的機會。在這種處境下，自己又不覺得需要學習哲學，自然就不會主動學習，於是造成一種可笑的情況：「越需要學哲學的人，越不主動學習，而不這麼需要哲學的人，卻更渴望學習。」

我覺得這是一個哲學普及教育裡的難題，根本解決之道是提早在中、小學義務教育階段就培養無知之知的智慧，否則等到進了大學或社會，開始自由學習後往往就來不及了。

2

跟著柏拉圖檢視「理性」

——培養理性，喚醒勇氣，戰勝慾望

柏拉圖是蘇格拉底的弟子，也是古希臘非常著名的哲學家，他以《對話錄》一書記錄蘇格拉底與他人的對話，也順便藉由蘇格拉底之口，寫下自己的哲學思想。《對話錄》可以說是一本非常厚的思想對話大全書，內容包羅萬象，談論到各式各樣的哲學問題，裡面許多觀點對後世產生很大的影響力。甚至在兩千多年後，知名的二十世紀哲學家懷德海（Alfred North Whitehead）主張，「整個西方哲學史不過是柏拉圖思想的註腳。」當然，不是每個哲學家都這麼認為，但能獲此讚譽，表示裡面必有可觀的寶藏。

眼見不為真，理性思考才能掌握真相

柏拉圖哲學的最大特點之一，是把「理性」推向最高位置。在人生方面，他認為，人們必須克服各種有違理性的慾望，只有當理性成為領航員時，才能獲得幸福人生。在國家方面，理性也是最重要的核心力量，統治者、制度以及法律必須仰賴理性來思考與建構，才能抑制人性自私、貪婪等力量所造成的社會混亂。他提倡必須由受過長期訓練而成為完全理性的哲學家皇帝來統治，才能實現理想國的美夢。

如果把感官感覺與理性思考視為人生的兩大面向，柏拉圖思想，無論在任何方面，都非常重視理性而輕視感官。主張人生應該學習以理性駕馭感官。這也是為什麼在他的整個思想中，可以說是一種「理性至上」的想法。

在柏拉圖之後的哲學史上，笛卡兒也認為理性是最重要的先天知識的源頭；康德認為理性可以清楚分辨各種是非對錯，以作為行為的最基準法則；而現代哲學家羅爾斯則認為理性可清楚告訴我們何謂正義。自柏拉圖以來，有一條屬於強調理性的傳統，還一直不斷影響著人類現在與未來的發展。

「理性」是什麼？

「理性」這個名稱感覺上好像很了不起，但從最簡單的角度來說，其實主要就是一種**邏輯與客觀思考的本能**。這種能力，可以擺脫個人情緒的干擾，面對問題時，容易得出和情感不同的想法。所以這種思考本能在處理人際問題上，比較會是無私的，因此，理性也是一種無私的思考。

舉例來說，如果在無人的山中看到他人遺失的財物，由於不用擔心被人發現，許多人在第一時間會升起貪念，想占為己有。但在這個時候，理性會跑出來，告訴自己這樣做是不對的，想到的理由可能每個人都不太一樣，有人只是很簡單的訴諸道德規範，有人會認為遺失財物者很可憐，有人會認為貪圖不當利益會干擾一個人的人格成長……。總之，理由因人而異，但透過理性的思考，都容易得出不同於慾望的解答。

雖然我們對理性的這種作用很習以為常，甚至會覺得很煩，但也因為如此，若仔細想想，人類有「理性」這種東西還滿不可思議的。有人認為這是道德教育的結果，但很可能不是，至少有相當大的部分是天生的。例如，理性中的邏輯直覺應該是天生的。而且，雖然人們的慾望通常是通向私心，但內在總會出現一些無私的聲音。事實上，當代發展心理學也發現，嬰兒在受教育前就有相當程度的公平正義觀念。雖然在許多情況下，人們不會遵從理性，甚至根本不予理會，但這股聲音從不滅絕，這種可以跳脫個人私心思考的本能總是存在於心中。為何人心有這樣的一股神奇力量？「理性」究竟是什麼樣的一種存在呢？

若從另一個角度來說，理性更是一個不可思議的東西。有時候理性好像有自己的生命與主見，會在某些時候突然出現在意識中，像是在跟我們對話。

這種像是對話一般的經驗應該每個人都有。尤其當人想要做點違背道德的事情時，好像有個聲音會在心裡阻止：「不應該這麼做。」也因為如此，有人會討厭這種感覺，想要盡可能的忽視它，久而久之，越來越得心應手，讓理性的聲音逐漸隱身在意識深處。但也有人會受到理性聲音的干擾而不斷在內心掙扎，當然，也有人直接投降，服從理性。

這種聲音最明顯的時候，可能是在我們過度沉迷於某些嗜好時，心中就會一直冒出應該停下來的聲音。如果仔細觀察，會發現類似經驗在日常生活中常常出現，提醒我們該改變現狀。如果決定開始聽從理性，讓生活中的大多數時間，都依據理性的引導行事，那麼，這就會是一個由理性主導的生命狀態，柏拉圖認為這是最理想的生命型態。這樣的生命型態是否真的最好是有爭議的，但如果好好把握這股理性的力量，會發現它的好處超過我們的想像。

理性的敵人：慾性

當人們努力奮鬥時，行動與理性一致，可以感覺到生活充實、愉快。但是，當人們感到空虛，覺得茫然無聊，不知要做什麼時，大多是處於忽視理性聲音的時刻。如果靜下心好好想想，會清楚知道在這個當下可以做些什麼。只不過理性要我們做的，常常不是自己喜歡的，所以總是忽視它。

在生活中，有另一個驅動力經常和理性背道而馳。柏拉圖稱其為「慾性」。慾性指的就是人的慾望，尤其是跟生理上的享樂息息相關的慾望。例如，吃、喝、玩、樂都屬於慾性。看到好吃的，就忍不住想嚐嚐看；遇到困難，覺得很麻煩，就想逃避。除了這些直接和感官感受相關的影響力，慾性也包含間接可以影響這些感官感覺的力量，像是錢財。因為有了錢財，我們就可以獲得更多享受。所以對金錢的渴望、貪心，以及對權勢的嚮往，都屬於慾性的力量，影響著人生。

當然，慾性和理性並非總是有衝突。舉例來說，當我們在吃到飽餐廳享受美食時，剛開始，只要吃的不是對健康有害的食物，符合理性要求，那麼理性與慾性並沒有什麼衝突。但是，吃到後來，當飽足感逐漸出現，理性會告訴我們應該停下來了，但這時，正饞的嘴還不想停歇，驅使我們繼續滿足慾望，內心便開始有了衝突。

再舉一例，當一位主管有權決定採購的廠商，如果其中一家是他的好友，或是有送禮，即使這家廠商不是最理想的，內心仍會出現一股作用力，驅使他做偏私的選擇。但只要能擺脫內心各種慾望，運用客觀邏輯思考的理性好好想想，就知道什麼才是適當的作法。這時理性和慾性之間的戰爭便開始了。自古以來，此兩者在人心中不斷升起戰事。然而，戰況如何呢？

理性力量永遠比不上慾性力量

反思生活上的各種抉擇，就可以體會慾性強大的影響力。尤其如果有人曾經上癮過什麼，想要戒煙、戒酒，就會發現慾性的力量幾乎是無可匹敵的，就算理智很清楚知道自己應該戒掉它們，還是不由自主的繼續沉淪。因此，柏拉圖也認為，慾性是人生中一股最大的力量，人們在絕大多數的時候，都受到慾性的宰制，依據慾性的驅動力過生活。即使聽到理性告訴我們該往反方向走，我們依舊朝著慾性驅動的前方前進，多數人不可避免的落入慾性管控的深淵而難以自拔。

所以當你發現自己無法呼應理性的要求，也不用太難過，因為連大哲學家柏拉圖一樣能體會到這種艱苦。反過來說，如果偶爾依據自己的理性，擺脫慾性的糾纏，那就應該要好好歡呼一下。

如果從這角度來看，其實人類不是理性的動物，而是慾性的動物，大多會依據個人情感本能在過人生。在理性力量被培養壯大之前，根本無法抵抗慾性。而培養理性本身其實就是一種對抗慾性的行為，過程必然非常艱辛，失敗率也很高。不過，這當然不是人生最後的結局，人們還是有機會讓理性來主導人生。因為，除了慾性和理性兩股作用力之外，人心中還存在有另一股強大的力量。

柏拉圖的「靈魂三分」學說

柏拉圖主張，人的靈魂有三個部分：除了理性與慾性，還有一股能選擇性的附加在理性或是慾性上的強大力量——血性。

當柏拉圖在講「靈魂」的時候，其實講的就是人的心靈，只不過他認為心靈來自於一個稱之為「理型界」的更真實世界，人死後還會回到那裡，所以心靈就是靈魂。在今天這個強調科學的時代，許多人不相信心靈屬於那種可以脫離人體而獨立存在的靈魂。我其實對此科學觀抱有很大的懷疑，認為還是有一些理由可以支持靈魂存在的可能性。但這的確很有爭議。然而，對於不相信靈魂存在的人來說也沒關係，只要把柏拉圖講的靈魂解讀成心靈即可。

那麼，什麼是血性呢？舉例來說，當人們不想被慾望操控，努力想改變自己，但卻一直不斷失敗時，可能會感到憤怒，一旦憤怒聯合理性，便能形成一股強大的力量，一舉衝破慾性的控制，轉由理性來主導人生。這股力量，就是柏拉圖心目中的「血性靈魂」。

「憤怒」、「意志」與「勇氣」都屬於血性靈魂，可以產生很強的驅動力。但這股力量通常不是單獨存在，而是一種會選邊站的加持力。例如，對於一直遭受慾性靈魂的控制，或是一直因為無法克服恐懼而不斷失敗，如果理性和血性聯合起來，在憤怒或勇氣力量的加持下，就有機會一舉克服慾性的控制，讓理性來主導人生。

但是，血性也並非總是跟隨理性。舉例來說，不斷被人說教到很煩、很氣的時候，就算理性知道說的都是對的，血性仍會偏向慾性，置之不理，為所欲為。在這種情況下，反而適得其反。所以，不懂教育的人，別硬要教育別人，否則有可能越弄越糟。但問題是，要知道自己不懂教育，還得具有這方面的「無知之知」才行，這又不是件容易的事了。

另外，當我們嫉妒他人、見不得人好，或是因誤解他人而感到憤怒時，都有可能讓血性靈魂結合慾性靈魂，讓心靈更加陷溺、遠離幸福人生。

要防止這種負面的情況，人們往往認為需要培養屬於血性靈魂中的意志力，來克服慾性對人的影響力，但事實並非如此。要對抗慾性，最需要培養的是一種清晰不受扭曲的理性思考能力，並且讓理性指揮血性，共同對抗慾性。一旦做到這點，慾性靈魂便失去了對人生的操控權，我們便可以活得更自由自在了。

做不到計畫要做的事情，並非意志力不足

舉例來說，近來人們普遍有隨時隨地滑手機的習慣，想改變也很困難。當發現自己因為一直滑手機，讓時間匆匆流逝，而做不到原本計畫要做的事情時，很容易歸咎於「意志力不足」。但這是錯的。針對日常生活中大多數事情，常會認為只要堅持就可以做到，但是「堅持」最重要的能量源頭並非意志，而是理性。

雖然意志力確實有強弱之別，意志力越強就能做到越困難的事情。例如，據說有人可以憋氣自殺。如果是真的，這就需要相當可觀的意志力才有辦法。我之前認識一個朋友，他一直覺得人生很虛無、沒有意義，因此常有自殺念頭。但他也主張，

當我們還沒有發揮夠強的意志力去改變人生之前，是不能輕易論斷人生的。所以，他半開玩笑的給自己設了一個挑戰，只要自己還沒有能力可以憋氣自殺，就沒資格說人生只不過如何，因為當意志力夠強時，說不定可以逆轉各種人生困局，找到有意義的新方向。

然而，無論是否真有人有這麼強的意志力，在日常生活中，其實並不需要什麼了不起的意志力，只要有決心即可，**決心來自於不易被扭曲的理性思考能力。**

舉例來說，許多人早上起不來，會覺得自己意志力不足。但試著自我觀察，如果真有很重要的事情非起床不可，就會發現意志力完全足夠，起床並沒有太大困難。或者，當戒菸的人突然很想抽菸時，如果只要求再戒個五分鐘，無論菸癮多強，對大多數人來說，一點問題也沒有。在這種情況下，若要一直不斷再堅持下去，意志力是足夠的。也就是說，人們實際上有足夠的意志力做到這些事情。做不到的原因並不是意志力不足，而是思維會不斷動搖，大腦會不斷對正在做的事情產生疑惑，像是「何必現在起床呢？多睡幾分鐘又無所謂」，或是，「何必完全不吸菸呢？少抽一點不就好了！」甚至「只抽一根沒關係吧！」這些看似合理的理由，都來自慾性所主導的思考，當思考被扭曲，血性就不會跟隨理性，也就無法克服慾性的干擾。

所以，在與慾性靈魂對抗的初期，我們真正要訓練的，其實不是什麼強大的意志力，而是不被慾性所干擾的理性思考能力。因為，當理性缺乏獨立運作的能力時，容易變成慾性的奴隸，思考變成協助自己滿足慾望並且尋找藉口的工具。當理性處在這種狀態是毫無勝算的，人生將被慾性靈魂完全控管。如果不知道理性已經完全臣服於慾性的掌控，說不定還會以為這就是正常人生，忽略人生的其他可能。然而，只要理性沒有被蒙蔽，它就會持續在內心作用，讓血性回歸接受指揮，直到成功為止。

所以，理性靈魂最重要的戰力，就是鍛鍊出一種所謂「獨立於個人情感運作」的能力，脫離慾性干擾的思考方法。

培養獨立運作的理性思考能力

當理性的思路可以不受慾性扭曲而具備獨立性時，在鬧鐘響起的一瞬間，無論多麼想要繼續睡，思考都不會被扭曲，並且持續保持著「我應該要起床」的理性思路。雖然這樣的理性思考力量還是很微弱，無法和想睡覺的慾性對抗，但是，思路

2 跟著柏拉圖檢視「理性」

——培養理性，喚醒勇氣，戰勝慾望

只要不屈就慾性，血性就不會放棄抵抗。在這種僵局中，等到血性力量甦醒，便足以對抗慾性而成功完成理性的指揮。

要培養這種理性力量，其實並不是很困難，除了邏輯的客觀思考訓練之外，最重要的，是先克服一個不服從理性而產生罪惡感的心理障礙。當我們忽視理性的聲音，會自然產生罪惡感，尤其道德觀念越強的人，心理障礙越大。當人們無法克服慾性時，為了壓抑這種罪惡感，便會扭曲思考，好讓自己活得安心自在。但事實上，這是無用的。這種自在只是表面的，內心深處的不安並不會被抹平，只要閉上眼睛感受一下，就會發現它依然在那裡。所以，要鍛鍊理性的獨立性，就不要在日常生活中尋找藉口，就算自己想服從慾性去享樂，也要接納這樣的自己。

當理性可以具備不受情感干擾的思考能力時，會發現一個有趣的現象。理性思路可以從慾性思路完全分割出來，在大腦中，形成兩條分離的思考路線，並且在某種程度上互相矛盾的共存。在這種共存的時機裡，只要血性靈魂習慣性的和理性靈魂合作，人們就比較能夠過一個由理性掌控的人生了。這種主張讓理性來掌控才能獲得美好生活的人生觀，就是柏拉圖靈魂三分主張所衍生出來的人生智慧。

以理性的力量穿越情緒的狂風暴雨

這種人生智慧對生活的幫助很大。特別是，它讓我們無論在多麼慌亂的情況下，都還能保持冷靜的思維。

舉例來說，如果有一天遇到了一件令人非常生氣的事情，並且產生一股想要報復，甚至毀滅他人的念頭；或者，遇到一個極大的誘惑，無論是金錢或美色，讓人心猿意馬時，在這種容易讓我們做出錯誤判斷，或是過度冒險的抉擇時刻，如果有個冷靜的思維在運作，就有機會暫時脫離心靈的混亂，找出較好的方向，遠離危險處境。

尤其對許多有情緒困擾的人來說，無論是憂鬱、焦慮、恐慌，當人們內心情感處於狂亂的狀態，無論它如何狂亂，無論理性的力量多麼微弱，只要能繼續保有它，不讓慾性靈魂製造出來的扭曲觀念占領人心，理性就會在內心的黑暗深淵中點亮一點微光，只要能保持那一點光明，人們自然而然會走向它，被它照亮。這時會發現，我們所憂鬱的、焦慮的、恐懼的，都不是真實的理解，都是過度放大或是過度扭曲的想法，在這時刻，迷霧會逐漸散開，狂亂的心得到平息。只要能保持一個不受情緒干擾的理性靈魂，就有機會引導心靈遠離黑暗。

我過去也曾有一段時間陷入恐慌症的情緒漩渦裡，只要恐慌發作，就容易把當時的狀態和恐慌連接起來。例如，有一天在地下停車場身體不適而恐慌起來，從那時起，我就開始對地下室感到恐懼，並且盡量避免前往。有一天，在高速公路塞車時恐慌起來，擔心會被卡死在車陣中，從那時起，我盡量避免上高速公路。又有一天，我在捷運上看見車門關上時恐慌起來，擔心永遠被關在裡面出不來，所以後來我避免搭乘會關門的捷運、公車、火車。有一天，我騎腳踏車在無人的山路上恐慌起來，從那時起，我避免上山。就這樣，我越來越不想外出，整天躲在家裡。但這樣也逃不了，有一天我在夜晚恐慌起來，突然覺得夜晚很可怕，從那一天起，對黑夜來臨感到恐懼，很想逃離，但是，根本就逃不了，黑夜還是一樣會來。對有恐慌症的人來說，「逃不了」的念頭是一件很可怕的事情，它會帶來更大的恐懼，而且這種恐懼大多難以負荷。

我當時的情緒反應其實就是典型的恐慌症心理現象，和他人無異。但是，對我而言，還是有一點非常不一樣，因為經過長期哲學的訓練，我在那之前就已經練出獨立理性思考的能力，所以，在經歷這些從頭到尾的過程中，都有另一個「我」，在旁冷靜觀看（其實說「冷眼旁觀」也有點像），這個屬於理性靈魂的我非常清楚知道這一切都是錯誤認知。只不過即使知道，它的力量過於微弱，而在血性靈魂中，也沒有足夠的勇氣協助理性，於是整個人還是陷在恐懼的深淵難以自拔。

但光是「知道」，其實就已經很有用了。這有點像是進入一個幻覺的世界，那世界充滿令人恐懼的幻影，雖然一樣會引發恐慌，但只要在理性上知道這些都是假象，就有機會克服它、甚至征服它。

因為「知道」，所以等到有一天，不甘這樣持續下去的我對現狀感到憤怒，並且激發了勇氣。於是，當血性靈魂出馬站在理性靈魂這邊，決定要扭轉一切時，理性便展開了復仇計畫。儘管安於現狀、想要繼續逃避的慾性靈魂會不斷找藉口拖延，並且表示這樣的計畫不妥，但理性決心前進，所以宣戰日終於來到，我決定跟隨理性，開始「冒險」，進入各種情感上覺得可怕、但理性認可的地方。在不斷掙扎與內心交戰的歷程中，雖不是每次都完美獲勝，但越是成功面對的次數多了，就越能確信自己的信念，而且還帶來了各種克服難關的喜悅。甚至經歷了一次人生中非常意外的大收穫。

有一天，當我獨自在山區面對一個非常大的內心恐懼時，恐慌感伴隨著一股強烈的想法不斷升起，「若不趕快回頭逃離，就會死在山中，在無人知曉的情況下消失在這世上。」一當這樣的想法伴隨恐慌升起時，由於這種恐懼是超過內心負荷的，通常會毫不猶豫的立刻回頭逃走。就算是在高樓上，也甚至會有立刻跳下去的衝動。有過這種體驗，就可以理解為何大樓失火時，會有人直接跳樓了。明明留在上面還有機會，而跳下去一定死，而且跳下去還是為了求生存，這不是很矛盾嗎？的確是，但在恐慌的瞬間，人們的理性容易被掩蓋，如果這時完全依賴直覺行事，會以為跳下去比較安全。所以，一次又一次的，每當遇到這種難以突破的內心瓶頸，就只能回頭了。

每次回頭後，都會有一種又被恐懼擊敗的挫折感。然而那一天，我選擇依據理性行動：「這一切都只是虛妄的想像」。所以我繼續往前走，但越是向前，恐懼越大，引發的生理反應也越強，心跳急促、頭昏、發麻、甚至喘不過氣，也因此更加覺得再不回頭就真的會永遠回不去了。

就在那一刻，不知哪來的強大血性靈魂的作用，強硬抵制了想要逃離的慾性靈魂的掌控。我堅持向前，不管發生什麼事，決定放下一切，不理會任何後果。在那場內心交戰中的某一刻，不知為何，理性與血性靈魂的聯手突然完全征服恐懼，那原本完全占據心思的強烈恐懼感瞬間化為烏有，就在那一刻，我經歷了「心霧散去，返回本心」的心靈狀態，窺見人內心最原本的樣貌。

原來，在日常生活中，我們的內心周圍有太多的思緒迷霧散布著，讓我們無法看見本心。那時，強烈的恐懼驅散了所有其他思緒，占滿內心全部。一旦恐懼感突然消失，其他思維迷霧又還沒能生起散布，便進入完全澄明的內心世界。這樣的本心，是純粹的安心與喜悅，任何風吹草動，都令人心動微笑。

這個經歷，賦予理性靈魂更大的信心與力量。最後，這個恐慌夢魘就逐漸被打破了。那最初不受干擾的一點點理性之光，只要繼續存在，就可以等到時機成熟時，轉變成巨大的力量，帶領我們通過情緒的驚濤駭浪。

就在我經歷那場天人交戰後的傍晚，收到一位朋友傳來的訊息，他說，當天他做了一個非常清晰的夢，夢見他和我兩人一同在山路上走著，走到了山頂，他看著我走進一個他進不了的門，裡面充滿喜悅之光與新的挑戰。

這個訊息很令人驚訝，尤其對一個長期從唯物角度研究心靈與意識的學者來說，更是一件不可思議的事情。當然，最簡單的解釋是：這只是一個巧合。但是，也很可能不是。人的意識，很可能比我們目前所想像的，還要更複雜、更神祕。

理性獨大的風險？

然而，或許有人會覺得理性主導的生命太無趣，像個機器人一般過生活。但事實上並非如此，理性人生也有其愉悅的一面，像是成功完成一項艱難任務的成就感、克服內心各種慾望的充實感、閱讀而增長知識的樂趣，以及大多數學生們都可以體會到的解出一道數學難題的愉悅感。許多人確實偏好這種屬於寧靜、詳和、滿足的喜悅人生。

不過，當理性過於強勢時，的確會抑制生命中許多跟慾性相關的美好事物。柏拉圖哲學容易走向全面否定慾望的禁慾主義，這樣的人生即使較能成功、較少危害，但對許多人來說，也會覺得比較枯燥乏味。所以，當人們希望人生過得更豐富時，這種單純理性的人生並無法滿足他們的期待。

十九世紀的哲學家尼采發現了這點，反對用理性壓制慾性，提出一個較為平衡的提案。雖然慾性的過度放縱會導致混亂的人生，但如果適度釋放慾性，只要不失控，便可以享有更豐富、更多采多姿的人生。他認為真正的美學人生不能僅有屬於理性的美，仍須混和屬於感官慾性的狂醉之美。

事實上，雖然柏拉圖自己選擇了比較禁慾的生活，但他或許不會反對這種與慾性和諧共存的生活形態，其實只要能以理性主導人生，就沒有什麼好掛慮的了。只不過，要在不禁慾的情況下拿捏好各種慾望的享樂又不過度、不失控，像是走在平衡桿上，任何時刻都能保持穩當的步伐，必然是件更為困難的事情。但如果真能做到，的確會是一個更符合美學的人生型態。但誰能真的做到呢？歷史知名人物算一算，屈指可數。也或許，真正具備大智慧的人，反而是歷史上沒沒無名的市集隱者，享受著不為人知、無人打擾的美麗人生。

問與答

白取春彥：如果說理性是分析和判斷狀況的長官，那麼是否可以把血性理解成「供給理性燃料的後勤運輸部隊」呢？

冀劍制：這是一個生動有趣的比喻。由於血性主要是一股強大力量，將它解讀成燃料確實是有助於理解的想像。越多的血性燃料，人們就擁有越強的理性力量，能夠克服慾性困境。但是，這個比喻仍有兩處不太一樣。

第一，血性的力量和一般力量不同，屬於強化的加持力。柏拉圖認為，理性本身就已經具備某種程度的力量，但不足以對抗慾性。有了血性加持之後，力量倍增，則足以對抗慾性。所以，在這個點上，用燃料來比喻血性便不夠精準。如果用那種可以強化動力的燃油添加劑來比喻會更傳神。

或者也可以用汽車的「換檔」來比喻理性與血性的差異。想像理性是一輛車子，但只能用四檔行駛。在沒有阻礙的情況下行車順利，但遇到艱難的慾性陡坡時，理性便不夠力，爬不上去，無法克服。這時血性出來協助，如同把車子換到最強的一檔，便可以在人生道路上克服慾性所造成的障礙。

第二項差異在於，血性不僅可以和理性交朋友，它也可能和慾性結合，讓人陷入更大的困境。在這種情況下，如果用上面的比喻來說，血性就像是換到倒車檔，讓車子更容易墜入谷底，像是墮入深淵的人生一般。

3

跟著亞里斯多德檢視「幸福」

——幸福取決於自己

亞里斯多德是柏拉圖的學生。在整個西方哲學史上，大概可以算是最多產、最博學以及學術貢獻最大的人。在思考幸福人生的問題上，他主張，**幸福人生，不假外求、不靠運氣，由自己決定。**

這個說法聽起來好像很不錯，但老實說，在我大學剛讀到時，一點也不覺得它是事實，這比較像是空泛的勵志言論，或者更像是偽君子唱的高調。而且，很顯然整個社會並非如此，大多數人都在追求一些明顯可以讓自己感到開心的外在事物，想要擁有什麼，就去追求什麼。如果不趕快努力跟人競爭，不是要吃虧了嗎？

事實究竟如何呢？是亞里斯多德錯了，還是社會都在錯誤的追逐中迷失了？

婚姻幸福論

雖然亞里斯多德認為「幸福不假外求。」但我們明明獲得某些想要的外在事物就會感到幸福，如果一直不斷追求可以讓自己幸福的東西，不就可以獲得幸福人生？

這是個非常重要的問題，因為如果我們以為會讓人幸福的東西，事實上只是一種錯誤的迷思，那費盡千辛萬苦去追求，浪費時間又得不到幸福，不就太糟糕了。

所以，我們先來仔細思考看看，對社會普羅大眾來說，哪些東西可以帶來幸福。

現代人最常談到「祝你幸福」這句話的時機，是在人結婚的時候。也就是說，人們認為結婚就是為了追求幸福，而且最容易獲得幸福的方法，就是透過婚姻。反過來說，沒有結婚的人，大概就會由於無法獲得幸福而被同情了。

雖然這樣的觀點還充斥在社會上許多角落，但已經有很多研究可以確認，「這是錯的！」

從日常生活中觀察其實就可以發現，婚後感到幸福的人的確有，但反悔的人也相當多，外加當今社會的高離婚率，以及同時可以發現有很多幸福的單身人。除了透過周圍的人做社會觀察之外，目前也有許多較嚴謹的科學研究針對婚姻與單身做比較，在幸福感方面，兩者並沒有明顯差異。也就是說，婚姻本身，其實不會帶來幸福。所以，得不到婚姻的人，或是不想結婚的人，不用感到失去了什麼。當然，研究結果也不至於顯示結婚會帶來不幸。所以結婚的人，以及想要結婚的人，也不用擔心。

雖然結婚本身不會帶來不幸，但當我們誤以為結婚就是幸福時，這個觀念倒是有可能帶來不幸。就如同在世界各地創辦「人生學校」的艾倫．狄波頓（Alain de Botton）所說：「婚姻是現代世界最充滿痛苦的制度，因為世俗社會對其抱持一項假定，認為走入婚姻主要是為了追求幸福，以致為這種結合增添了毫無必要的煎熬折磨。」簡單的說，有些人誤以為結婚就自然而然會幸福，但後來發現不是這樣時，預期的落空讓自己感到痛苦、甚至後悔，也因此錯失了從婚姻中獲得幸福的契機，反而破壞了兩人的關係而導致不幸。

事實上，結婚是有可能帶來幸福的，但重點不是結婚本身。就像哈佛大學幸福學教授塔爾．班夏哈（Tal Ben-Shahar）所說：「維持幸福婚姻最重要也是最難做到的一項因素，不是找到合適的另一半，而是好好經營自己選擇的婚姻。」

從這些研究發現，獲得幸福的重點不是結婚，也不是選擇了哪個對象，而是兩人締造出了什麼樣的關係。只要掌握了與人相處之道，就掌握了製造幸福的力量。所以，婚姻本身，其實不會帶來幸福。而那些婚後幸福的人，並不是因為結了婚，而是製造良好的兩人關係。要與人有良好的關係，也不一定要透過婚姻。從這個例子來說，的確如亞里斯多德所言，獲得幸福的關鍵，不是擁有什麼外在事物，而是你是什麼樣的人，能否與你所選擇的人締造良好關係。

至少從幸福人生的角度來說，別再把結婚當作人生理所當然的方向，也不要誤以為那是幸福的來源，更不必把單身視為不幸的下場。

當然，結婚有其價值，建立家庭、生兒育女都是婚姻的價值所在。選擇婚姻，等於選擇一種人生道路，但無論是哪一種人生道路，都可能通往幸與不幸。

追求幸福等於追求財富？

其實，現代很多人已經發現，結婚不一定會帶來幸福。只不過社會大眾都覺得結婚就是幸福，未經思考便接受這種文化傳統。除此之外，社會上多數人也認為，金錢才是幸福的關鍵。但真是如此嗎？

當然，富裕的物質生活大體上是令人開心的好事。但問題是，這些能帶來多少幸福呢？當我們仔細反思時會發現，富裕的物質生活甚至不一定會帶來快樂，因為習慣後就很平常了。舉例來說，如果有人送你一個一百元的禮物，你會很高興嗎？多數人不會！但如果是一位生活在窮苦家庭的小孩，他可能會非常開心。隨著生活的富裕，快樂的標準會越來越高，最後，禮物本身不再能產生樂趣，頂多只能秀在網路上，讓那些想要又得不到的人羨慕一下，享受一下讓人羨慕的樂趣。可是，這樣的樂趣卻是空洞的，不是那種滿盈的喜悅，無法讓人感受到幸福。

所以，追求幸福人生的最大誤解，大概就是關於金錢扮演的角色。很多人誤以為有了夠多的錢，就可以從此過著幸福快樂的人生，於是把賺錢當作人生中最重要的一件事。其實稍微思考一下就可以發現，如果這是真的，就表示有錢人大多很幸福快樂。但實際上卻非如此，即使是從小不用吃苦就享盡富貴的富二代，他們的平均快樂程度，不見得比一般小康家庭長大的孩子好多少。而成功嫁入豪門的貴婦，除了多一個可以炫耀的空洞快樂之外，也不見得比嫁入一般家庭的女人更幸福。

不過，大多數人會以為這是個人問題，覺得自己跟他們不一樣，或者是因為他們不懂得滿足，而自己的慾望不會太高。只要想像天外突然飛來一大筆錢，可以做好多之前不能做的事情，就會覺得充滿幸福。

這個想像是沒有問題的，但實際上，每個人都認為已習慣的現狀不夠幸福，並誤以為幸福就在不遠前方（錢再多賺一點）的下一階段。但既然已經在下一階段的人並不覺得幸福，就表示那不會是幸福的終點站。跳脫財富的迷思，重新反思幸福的要素，我們可以發現，決定一個人是否幸福的因素還有很多，財富只是其中一個相對較小的因素。

亞里斯多德早在兩千年前，就已經很清楚的否定金錢是帶來幸福的主要因素。

但財富仍在歷史上牽動著人性，不斷製造許多不幸事件。這也同時彰顯了，柏拉圖所看見的慾性力量對人的作用力有多強了。

事實上，即使我們了解金錢並不是獲得幸福的主要舵手，但還是可能落入某種甚至不惜折損幸福去追求金錢的陷阱中，本末倒置追求著一個荒謬的人生。這股誤導人生的力量，並非朝向幸福，而是受到慾性的宰制而通往不幸。

金錢對追求幸福的價值

不過這裡要注意的是，金錢雖不是帶來幸福的主要因素，但物質生活的過度匱乏，就很可能帶來痛苦與不幸。現代幸福學研究指出，某種程度的金錢是需要的，但只要夠溫飽，多餘的金錢帶來的幸福相當有限。

亞里斯多德只是主張金錢不是追求幸福最重要的東西，他並不否認金錢在追求幸福中可以扮演正面的角色，他將金錢稱之為外在的善，也就是內心之外可以趨向幸福的動力。他主張，「當我們想追求某些美好的事業，如果沒有金錢，就算不是不可能，也是很難的事情。」所以，如果善用金錢，它的確會帶給我們更多的幸福，但一心一意地盲目追求更多的金錢，忽視周圍的人、忽視唾手可得的幸福，自然是本末倒置的作法。

舉個例子來說，要得到幸福快樂的人生，亞里斯多德認為待人處事的能力比額外的金錢更有幫助。當你擁有許多好友，互相拜訪、互相幫助、關心、閒聊，都可以獲得幸福快樂的感受。不妨觀察一下，在地鐵電車上一眼望過去，我們幾乎看不見笑容，滿車都是疲憊、冷漠的臉孔。一旦偶然看見笑容，這人要不是身旁有朋友，大概就是正在和朋友講電話。如果仔細數一數自己的開心時刻，很容易可以發現，這些時刻很少是用金錢換來的，只需有良好的人際關係，就能免費獲得。只不過這些免費的東西，常常被我們忽視。而且有時候，人們還會為了計較一點點金錢和朋友撕破臉，這就真的錯得離譜了。好的友誼，甚至比金錢更能讓人獲得幸福。當我們汲汲於追逐金錢，卻忽視友誼，甚至破壞友誼，不是一件很愚蠢的事情嗎？

究竟獲得什麼，可以帶來幸福

在追求幸福快樂的人生中，另一種常見的誤解是，我們常常以為某些東西會帶來幸福，只要得到了，就獲得幸福快樂的人生，像是買到高檔手機、獲得升遷、甚至是中到大獎。而事實上，這些大都只是短暫的快樂，雖然短暫的快樂也是人生中重要的成分，但它們無法帶來長久的幸福感。

那麼，究竟是誰、是什麼東西，可以帶來幸福呢？依據亞里斯多德的智慧，「幸福不假外求。」我們無法依賴任何人、任何事物獲得幸福，只有自己的某些能力與內在性質，可以帶來幸福。這個觀點，其實也與現代幸福學研究吻合。

多數人大概還是不太容易認同這個說法。會有這種現象，也很容易理解，因為慾性的滿足會得到快樂，對人的吸引力很大，我們自然而然會誤以為這樣很幸福。事實上，卻可能因為陷溺而導致更大的痛苦。亞里斯多德在這個觀點上，是支持柏拉圖的，他認為慾性的快樂必須受到理性力量的節制，當處在節制狀態，才能獲得綿延的喜悅，才有可能獲得幸福。凡是來自於外界的人、事、物，都有類似的問題。但有許多心靈內在性質，可以直接通向喜悅與幸福。

簡單的說，我們之所以會誤以為追求滿足慾性的快樂就是追求幸福，是因為沒有分清楚快樂與喜悅的差異。喜悅是一種較為靜態、也較能持續的快樂，而這種快樂，比較接近幸福感，也比較能帶來幸福。但由於平時我們習慣追求慾性的快樂，而非心靈的喜悅，所以大多數人的生活方式只是自以為在追求幸福，事實上卻不斷在遠離中。

快樂vs.喜悅

快樂可以分成兩種，一種是屬於會帶來幸福的，另一種跟幸福無關，甚至還會帶來不幸的。

這種區分方法很簡單，因為幸福是一種長時間的感受。當我們獲得快樂時，想想看，這個快樂可以持續多久，等到未來我們回味這份快樂時，是否仍有喜悅之心？舉例來說，吃一頓幾千元的大餐，或許在吃的時候很享受，但吃完後呢？沒了！再好吃的東西，都只能給我們短暫的快樂，甚至如果吃太多，還會帶來反胃與不適，降低幸福感。如果是明明吃不起還硬要去吃，必須承擔失去金錢的痛苦。就算是別人請客，也只不過是短暫的快樂罷了！如果還欠人人情，那就不一定值得了。

人們大多好逸惡勞，覺得這樣很享受人生，但這也是短暫的快樂，長時間下來，會愈來愈沒有動力，反而感到更大的不幸。

但是，許多快樂是可以回味很久很久的。

有一年冬天，我所任教位居山區的華梵大學非常寒冷。有個學生在網路上發文：「冷死了，才不要在這種天氣上學呢！」

沒錯！在這種天氣上學是件痛苦的事情，一點都不快樂，但是它也頗有挑戰性，如果抱持著好奇、有趣的心態，其實裡面也有著樂趣。而且最重要的，也是我對這位學生說的：「如果你來了，未來可以向你的小孩誇耀一輩子。尤其當小孩天冷不願意起床時，你就可以說，爸爸以前是在寒冷山區上學的。」

許多事情，短時間內或許不太快樂，長時間下來，卻可以增加自信心，而且沒有使用期限，任何時間回憶起來，都感到滿盈的喜悅感。這樣的事蹟累積多了，怎麼可能會不帶來幸福的感受呢？

所以，與其追求「快樂」，不如追求「喜悅」。喜悅是一種較為平淡，但更能持續的滿足感。這種滿足感比一般的感官快樂更接近幸福。

美好內在vs.道德規範

亞里斯多德主張，幸福之鑰在於容易導向喜悅與幸福的各種內在性質，只要擁有這些美好內在，就能經由喜悅通往幸福。

舉例來說，「寬恕」是一種能夠導向幸福的美好內在。但須特別釐清，它和僅僅遵守「原諒他人」的行為規範不同。前者是一種內在涵養，後者只是行為規範。對於缺乏美好內在而只是遵守道德的人來說，當別人做錯了什麼事情妨礙到自己時，就算心中生氣，也要壓抑下去，表現出沒關係並且說出原諒別人的話，但是內心可能完全沒有一個寬恕的心靈狀態。這種壓抑，雖然可以避免立即的衝突，卻不會讓人感到幸福，相反的，還可能帶來痛苦。但如果具有寬恕的美好內在，就容易打從心裡不生氣，從心中原諒他人，不需要壓抑任何情緒。就算生氣了，也能很快化解怒氣。

就像有人喜歡幫助別人，覺得幫助別人很快樂，只要一個人會自然關心別人的感受，會因為自己做出一些事情導致別人的快樂，而自己也感到快樂，那麼，這樣的人就有「助人為樂」的美好內在。否則，若只是遵守「應該幫助別人」的行為規範去幫助別人，有時反而會感到不快樂，因為可能會覺得自己幫助別人而失去了一些東西，或是難過為什麼沒人來幫助自己。

美好內在編織心情的保護網

許多年輕人在進入職場後，常常感到難以適應，主要原因之一是容易遇見自私主管，其所作所為，大多只是依據個人利益，忽視他人，卻滿口仁義道德。而且有時他們還真的誤以為自己是個好人，在爭取個人利益，以及掠奪他人利益的同時，總能理直氣壯講出一些冠冕堂皇的理由。當我們不想與人爭執，或在職位上無法對抗時，就只能氣在心裡，或到處抱怨說人壞話，藉以發洩情緒。但是，不管哪一種做法，都會破壞我們的幸福人生。

遇到這類人會很不快樂，明明不是我們的錯，自己的幸福生活卻遭受破壞，到底該怎麼辦呢？

事實上，這類人數量很多，人人都有機會遇到（而且說不定自己也是只是不自知），在這種情況下，就考驗著我們的內心，是否具備由美好內在編織而成的心情保護網，藉以留住幸福。

寬容心可以化解由他人自私所製造的怨恨，掃除怨恨的作用，心情就輕鬆許多。當然，寬容並非放縱，需要有個限度。如果對方所為嚴重違法，自然是報警不寬容。但是，如果不嚴重，只是忽視他人利益的自私行為，當我們又對其無可奈何時，寬容變成了最好的防禦手段。既然無法改變他人，至少不要讓自己的幸福被破壞。這樣的內在性質，可以讓我們較不受干擾地走在通往幸福的道路上。

培養美好內在的第一步

然而，說起來很簡單，但要寬容「這種人」，怎麼可能做得到呢？老實說，只要願意，並不是很難。

首先要有意願。意願就是認識這條幸福之道，而且願意為了追求幸福，暫時放下他人的惡。許多人放不下，一直把別人的惡放在心裡，心中不斷詛咒，到處抱怨，以為是在報復，實際上不僅對方毫髮無損，還苦了自己。難怪有句俗話是這樣說的：「放過他人，就是放過自己。」

當然，如果可以改變現況，自然值得去努力；但如果沒辦法，最好的辦法就是改變自己。既然要追求幸福人生，就把這種情況當作是訓練自己的契機，只要訓練出這樣的內在性質，未來就更不用擔心他人來干擾自己的幸福人生了。

事實上，我也曾經有過類似的困擾，每天一想到就氣得要死，遇到無關的朋友，就想跟他們說那些人有多糟糕，但後來發現這樣壞處很多。第一，沒人喜歡聽人抱

3 跟著亞里斯多德檢視「幸福」
——幸福取決於自己

怨，因為抱怨的言語聽起來不舒服，當我們把自己的問題說給別人聽時，也一樣在破壞別人的幸福。第二，聽的人會擔心你是不是也在背後這樣批評他們，這對人際關係來說是件壞事。所以，我後來決定遵從亞里斯多德的方法，培養這種寬容心，久而久之，還真的愈來愈得心應手，讓生活減少很多憤怒，活得更自由自在。

寬容的幸福魔法

當我們擁有一顆較寬容的心，除了可以避免憤怒的不幸福時光之外，至少還有兩個好處。第一，減少人與人之間的衝突，有助於溝通，也能迅速發現誤解。解開誤解後，通常會很慶幸自己第一時間沒有做出任何不當的舉動，或說出不當的言詞。這個收穫自然也改善了人際互動，增進生活的幸福感。

我就有個親身體驗。一天清晨，我到街口一家知名豆漿店買一瓶豆漿，那天的服務員是個外籍配偶，她從熱騰騰的大鍋中舀起一瓢，慢慢裝進小瓶子裡，但是沒有拿給我，而是開始裝第二瓶。由於當時下著雨，雨聲有點大，加上她是外配，中文也許不是很好，所以我猜想，她可能聽錯我要的數量了。於是我比出「一」的手勢，提醒她只要一瓶。她抬頭看看我，點了點頭，裝完第二瓶後繼續裝第三瓶。「這太詭異了！」我想著，「該不會誤以為我要再加一瓶吧！」所以，我提高音量大聲說：「我只要一瓶！」這次，她聽懂了，但顯然以為我改來改去要她，便生氣地抱怨罵人。

或許是因為我訓練過寬容之心，也或許只是當天心情較好，即使這樣被罵，卻一點也不生氣，而是感到很無奈。她罵完後大概也覺得這樣不好，或者發現是自己聽錯，所以抬頭時面帶歉意。但她看到的，不是通常會出現的憤怒臉孔，而是一張無奈的笑臉。所以，她也笑了。

之後，我再去這家豆漿店時，感覺總是被親切對待，甚至人多時，我的餐點也好像比別人的先到。雖然這樣不太公平，但就帶著喜悅的心情接受吧！寬容的心，怎能不帶來幸福呢？

寬容了別人也同時寬容了自己

寬容的第二個好處：更能體諒過去的自己。在成長的過程中，人們受到慾性靈魂的制約，難免做出一些自私的壞事，事後想想，總覺得汗顏。當我們一直抱持這種愧疚之心過日子，總是無法輕鬆自在，甚至有人會覺得自己沒有資格獲得幸福，下意識故意給自己惹麻煩。當我們學會寬容別人，同時也能學會寬容自己，與其不斷自責，倒不如做點更有意義的事情，放下心結。

小時候，住家巷口的馬路邊，有位老先生每天拖個小推車擺臨時攤，做些給小朋友抽紙牌得獎品的生意。每當有我很喜歡的獎品時，稀少而珍貴的零用錢就會浪費在那邊。後來出現當時很流行的怪獸公仔，雖然非常渴望獲得，但抽中機率很低，幾百張牌中，只有一到十號能中獎。感覺上就是不太可能的事情。

過沒幾天，一個鄰居小孩花沒多少錢就抽中兩個怪獸，運氣好到讓人羨慕。但他偷偷告訴我，那不是運氣，而是作弊。他先去抽牌，例如，抽中235號，就回家用小刀輕輕把前後的2和5刮掉，剩下中間的3號，然後再去冒領獎品。

我聽了覺得很神奇，原來這麼簡單，可是也有點不太相信，因為不管怎樣都會有刮痕，騙不了人的。不過鄰居小孩說，老先生眼睛不好，看不清楚。雖然半信半疑，但受不了怪獸公仔的誘惑，決定試試看。但我的手太笨拙，不是刮破就是弄髒，根本就做得不像，也只好放棄了。鄰居小孩倒是「很好心」，自告奮勇幫忙刮。之後我帶著忐忑不安的心情如法炮製，然而大概那幾天大獎出現太頻繁，老先生很懷疑，所以仔細看著得獎的小紙牌，翻來翻去檢查好久。我站在旁邊緊張死了，還得故作鎮定。最後，他的確看不出（對我來說還蠻明顯的）刮痕，然後把獎品給了我。

剛拿到獎品時開心極了，想不到這麼簡單就可以獲得自己想要的東西，慾性靈魂得到滿足，感到很幸福快樂。但是，時間越久，快樂越小，內疚感卻越強。內疚時就自我安慰，其實我浪費在老先生店裡的錢，早超過那個怪獸的價格了，所以就當是補償好了。理由聽起來不錯，卻無法安撫內心。過了一陣子，還故意把它玩壞，以為可以降低心中的不安，但一樣沒用。

當我更清楚意識到這種心理負擔，決定多花點零用錢去惠顧老先生的生意。但很不湊巧的，老先生一連好多天都沒出現。「他是不是生病或甚至死了呢？」一想起他用很吃力的眼神檢視我的作弊紙牌，心中更是過意不去。幸好，幾天後他又出來擺攤，但天氣明明沒有很冷，他卻穿著外套，圍上圍巾，還一副病懨懨的樣子。於是，我每天放學後都去光顧，雖然什麼也沒抽中，卻甘之如飴。不過，只有短短幾天，他又消失了，而且這一次，就真的沒再出來過。

長大後才了解，遇到這種情況，道歉面對才是正途，但那時的我壓根沒想過這個選項。這種未能彌補的內疚與遺憾，潛藏在內心深處，成了一個無法拔除的肉中刺。直到後來學會寬容別人，也逐漸學會寬容自己，讓內心世界走向和平。

光是一個寬容心的美好內在，就可以減少許多不快樂，帶來許多幸福。當我們具備各式各樣的美好內在，自然就更容易獲得幸福人生。

德性 vs. 美好內在

亞里斯多德所談的「美好內在」常常被譯成「德性」。用這個詞來解讀亞里斯多德的幸福觀容易產生誤解，因為「德性」這個詞的意義會聯想成與道德相關的內在。雖然它們也屬於「美好的內在」，但當亞里斯多德在談幸福時不是在談道德。尤其亞里斯多德也主張道德不是人生的目的，因為他發現許多有德之士遭遇最不幸的命運，而有德卻不幸，在亞里斯多德眼中，無論如何不會是一個幸福的人生。

在哲學上，有所謂的「德性倫理學」，談的就是跟道德相關的美好內在。除此之外，還有一門學科稱為「德性知識論」，談的就和道德無關，而是關於容易獲得正確知識的美好內在，像是反思習慣、對可疑訊息的敏感度、邏輯思考力，甚至是豐富的知識等等，這些也都屬於獲得幸福的美好內在。還有些美好內在跟知識與道德都無關，就像西方傳統很重視的「勇氣」，這是勇於冒險，努力實現人生夢想，面對困境時克服難關的一種美好內在。美感的品味能力也和道德與知識無關，但都能通往幸福人生。

學習美好內在的竅門

那麼，要如何培養這些能夠導向幸福人生的美好內在呢？亞里斯多德主張：「**去做，然後養成習慣。**」以寬容來說，遇到可以寬容的事情時，就盡量多寬容，轉化內心的感受。重點是真的要去轉化內心的感受，嘗試發自內心的寬容，而不是只做表面功夫。剛開始的確很難，感覺怎樣都沒辦法轉變，就像學習一門新的技能，起初會覺得根本不可能學會，但嘗試久了，越來越順手，也就逐漸培養出能力來了。

針對這種獲得幸福的訣竅，最簡單的例子大概就是「早起」。多數人覺得每天被鬧鐘叫醒很痛苦，而睡到自然醒才幸福，所以非常期待放假。但事實上，要獲得這種幸福沒這麼困難，只要養成早睡早起的習慣就可以了。雖然培養過程有些辛苦，但幾天就可以成功，未來繼續保持即可，何樂而不為呢？

其他能夠導向幸福的美好內在還有「勤勞」。勤勞的人不怕多做事情，也不容易感到厭煩。而且當我們做了很多事情之後，只要負荷不過大，即使都是小事，還是會很有成就感，而且容易受人肯定。這些都能讓我們感到幸福。訓練方式也是一樣，就多做事情，在做的時候，轉變心意，盡量讓自己不要覺得吃虧、不要覺得厭煩，久而久之，就能培養出勤勞的美好內在。

「勇敢」也是。勇敢並非一定無所畏懼，而是即使感到恐懼，仍然勇往直前。所以，培養的方式也就是常去做那些感到害怕，但在理性思考後認為該做的事情。久了就越來越能面對恐懼，自然具備了勇敢的美好內在。

其他像是慷慨、智慧、善良、誠實與公平等等，都是屬於能夠帶來喜悅，讓人生走向幸福道路的美好內在。只要開始培養，人生就轉向幸福。走得越遠，各種美好內在越深化，就越能獲得幸福人生。

我想，這個幸福的主張應該是沒有錯的，任何一個開始走這條路的人，大概都能立刻感受到它的吸引力。想要追求幸福人生，多聽聽亞里斯多德的智慧之言，減少錯誤與盲目的追尋。

問與答

白取春彥：現代很多人認為幸福是有條件的。這些條件中的首要條件就是要擁有充裕的金錢。諸如「做~需要~條件」，他們認為幸福是滿足一定的條件下才存在的。然而這種想法本身就已經偏離了幸福的本質。冀老師認為有什麼可以作為打破這種思想的鐵鎚呢？

冀劍制：現代人大多認為，錢是獲得幸福最重要的東西。然而，從哲學思考的角度來看，這卻是一個迷思。這個迷思的關鍵在於，我們常常誤以為幸福可以藉由許多短暫快樂累積而成，由於金錢確實可以獲得許多短暫的快樂，所以誤以為金錢是獲得幸福的關鍵因素。當然，如果人生可以被短暫的快樂充滿，自然是幸福的。但問題在於，許多由金錢獲得的短暫快樂必須付出代價，而這些代價，會降低幸福，甚至帶來不幸。那些不屬於美好內在的外在條件大多有此一特質，每個人在自己的生活經驗中，都可以清楚看見。只要理性看見了真相，就等於獲得一把白取老師期待的鐵鎚，敲破迷思。

迷思一破，我們便可繼續運用理性，脫離「未經檢視的生命」航道，開始過一個邁向幸福的人生。

第二章

徹底改變思維模式

4

跟著笛卡兒檢視「懷疑」

——透過懷疑發現自我

笛卡兒是十七世紀的法國哲學家，留下一句名言：「我思故我在。」雖然聽過，但大部分人其實不太清楚它的真正意思。

有一天，我坐在一家咖啡店裡，後面有一男一女。這兩個人的關係感覺上是處於「曖昧狀態」。彼此似乎都對對方有意思，但不好意思明說，只能藉機暗示。由於不確定對方心意，不敢表現太明顯，偶爾還會故意擺出一副對對方沒興趣的樣子。有趣的是，在這種狀態下，只有當事人不知對方心意，外人卻都清清楚楚。

戀愛中的人大多缺乏自信，男人拚命想求表現，說了一堆個人想法，又很愛用哲學專有名詞，表現出一副很有深度的風範。可是他不知道旁邊坐著一位哲學教授，眼睛看著別處，耳朵卻在聆聽，而且發現他把專有名詞幾乎全用錯了。

這時，女人不斷讚美男人，希望博取好感。一直說他很厲害、很有想法，還問了一句：「你怎麼會懂這麼多啊？」被捧上天的男人便引用了一句名言：「笛卡兒說『我思故我在』，人就是要思考，才有存在的價值。」

當然，他又說錯了，我也繼續抑制插嘴指正的衝動。在他們之間，正熱烈暗示彼此，希望等到一個突破點，可以大膽表明心意，然後超越曖昧，進化成另一種關係。至於「我思故我在」究竟在講什麼，一點也不重要。我猜想就算女人懂點哲學，知道男人亂講一通，也不會在這種時候指出錯誤。

那麼，「我思故我在」既然不是在說思考有多重要，究竟在說什麼呢？

我思故我在的哲學思考

首先，需要區分兩個詞彙，「思考主體」與「思考客體」。

當一個人在思考的時候，這個思考者就叫做「思考主體」，而他所思考的對象，就叫做「思考客體」。舉例來說，假設我現在覺得渴，想喝杯冰咖啡。這時，我是思考主體，冰咖啡是思考客體。

這聽起來雖然簡單，也容易誤解。要注意的是，「思考客體」並不一定是那杯具體的冰咖啡，也可以單純只是大腦裡面的想像；而思考主體也不是有血有肉的人，而是大腦裡面那個正在思考的自我。所以，我們可以暫且先排除掉物質世界的任何東西，進入純粹思維的世界。在內心世界，有一個思考者，而思考者正在想事情，這個思考者就是思考主體；正在被想的內容，就叫做思考客體。

有了這個區分之後，就比較好解釋何謂「我思故我在」。它的意思是說，「思考的存在，證明了思考主體的存在。」也就是說，「思考，必須有思考主體，所以只要有思考的存在，就一定有思考主體的存在。」

當我們把這個思考主體稱之為「我」時，就可以說：思考的存在保證了我的存在。當然，這個「我」指的是思維世界的思考者，不代表一個具有物質身體的人。也就是說，「我思故我在」中的「我在」指的是有一個正在思考的思考主體存在。而這個思考者，不一定要有血有肉。如果有個鬼魂在思考，他也可以得出「我思故我在。」

那麼，這個哲學思考的價值與目的是什麼呢？

笛卡兒的震驚：「為什麼會出錯？」

根據笛卡兒的文獻，我們可以想像有一天，笛卡兒突然發現了一件很重大的事情，這件事情的起點是他想錯了一件事情。在生活中，我們一定都做過錯誤判斷。原本非常有信心，認為某件事情一定是如此，但到頭來卻發現竟然是錯的，笛卡兒自然也不例外。遇到這種情況，有些人的反應是覺得很不可思議，怎麼會如此；也有些人一笑置之，覺得自己好蠢；也有人會為自己的錯誤以及導致的不幸感到懊悔。

就像傳說中的牛頓故事，對於一般人稀鬆平常的蘋果掉落，牛頓卻感到疑惑。在每個人都很習慣偶爾會犯錯的這一天，笛卡兒的反應卻截然不同，他回頭去思考，當時究竟是犯了什麼思考的過錯，導致錯誤的判斷呢？他發現在某些時候，我們不見得有犯任何思考的錯誤，也就是說，如果回到過去，重來一次，更謹慎地判斷、更小心地思考，我們還會再次經歷一樣的錯誤。

這種錯誤之所以讓人心驚，在於我們不容易發現造成錯誤的潛在危機，因此未來也難以預防，於是錯誤將繼續發生，而且帶來災難。更可怕的是，說不定我們目前正在犯某些錯誤，只是災難尚未降臨，因此處於錯中仍不自知。

即使謹慎思考，小心判斷，也有一些完全無法預期、無法衡量嚴重性的災難即將來臨，想到這裡，等於打開了一種很不容易發現的無知之知，讓我們看見不知該如何避免的潛藏危險，這能讓人不感到心驚嗎？

笛卡兒認為，有些錯誤之所以難以避免，主要因素之一是人們具有許多誤以為正確的知識。當我們套用這些錯誤知識思考，即使推理無誤，也會得出錯誤結論。為了跳脫這個困境，必須把它們全部挑出來。

他用的方法是「全面性的懷疑」，只要是可以被懷疑的知識，全部先丟掉，之後再慢慢重建。因此笛卡兒主張，**在我們的一生中，為了追求真理，至少要有一次，把我們所相信的事情全部好好地懷疑一遍。**這個作為，可以避免有些不良知識混在裡面而不自知。

笛卡兒的懷疑

於是，笛卡兒開始嘗試懷疑各種事物，想像它們原來都是錯的，包括所見所聞的感官知識，甚至數學與邏輯知識。他發現幾乎所有東西都可以被懷疑，原來令我們感到自豪的知識這麼脆弱。

最後，他問了一個問題：「有沒有什麼東西是不可以被懷疑的？」這裡，他發現「有」，「思考主體的存在」不能被懷疑。

「懷疑」其實就是「思考」。而思考保證了思考主體的存在，所以「懷疑」也保證了思考主體的存在。只要有懷疑就有思考主體，所以不能懷疑思考主體的存在。得出了這點，就可以說：「並不是所有東西都可以被懷疑，至少作為一個思考主體的『我』是不能被懷疑的。」這就是「我思故我在」的主張。

這個結論，在哲學理論的發展上有著重要的意義，但對我們的日常生活看似沒有直接幫助。直到這個理論經過幾百年發酵之後，才衍生出可以直接應用在日常生活的重要智慧。

「我思故我在」開啟智慧之門

笛卡兒撲天蓋地而來的懷疑並非只想摧毀知識，相反的，他想要找到值得信賴並且可重建知識體系的「基礎知識」。但是，「我在」這個知識就算值得信賴，卻無法導出整個知識體系。於是乎後世許多大哲學家接續努力，挑戰笛卡兒未完成的工作。幾百年後的現代，我們大致有了結論：「沒有基礎知識這種東西！」

也就是說，「我們的知識，實際上並不存在有穩定的基礎。」這個成果，確實是一個可以活用在日常生活的智慧。然而，這個智慧倒不算是笛卡兒本人開創的，但的確是藉由他的懷疑而開啟的。

對笛卡兒來說，「懷疑」是為了尋找不可動搖的知識，以便尋求真理。這是有目的的懷疑。他最終發現，「我在」是不可被懷疑的。所以，希望依據這個絕對不會錯的知識，作為一切知識的基礎，藉此發展出其他不可動搖的知識。這個嘗試，後世稱之為「基礎論」，也就是主張我們的知識，是由最基礎的、而且不會錯的知識為根基，然後一層一層建立起知識的大廈。

實際上，人們天生就是這種基礎論的思維。舉例來說，如果你跟小孩說：「不可亂丟垃圾」，他會問你為什麼不可以，然後你需要說個理由來說服他，說完，他還會問你為什麼是這樣，他會一直問到滿意為止。也就是說，人們天生會去尋找知識的基礎，希望一個知識可以由另一個更基礎的知識承接，直到抵達一個不再需要其他知識承接的基礎知識為止。

可是，當你遇到很煩人的小孩，一直對你的回答不滿意而不斷追問時，就會發現，你根本無法真正說服他。後來的哲學家們也發現，光是「我在」不夠，必須再增加基礎知識。所以之後的幾百年，哲學界不斷在尋找更好的基礎知識。但現在，我們傾向認為這種基礎論是錯的。

從笛卡兒開始深入探討知識本身，延續幾百年的思考之後，才開展出這個稱為「融貫論」的智慧。意思是說，我們的知識，其實無法找到個別的支撐點，它們並不是獨立成立的，而是以整群整群的方式一起出現、互相支持，導致我們很難放棄任何一個個別知識。

從這角度來看，我們找到為何不同宗教背景、不同文化，或是不同政治立場的人之間，根本無法真正對話的背後因素。我們事實上無法拿出任何一個對方不同意的想法去說服他，也無法單獨否定對方任何一個想法，因為總有一大群知識在捍衛對方的每一個想法，若要溝通，就必須整套思維拿出來溝通。在這種情況下，我們得先深入對方的思維世界，了解整套想法，才可能真正了解對方。最後，我們甚至會發現，兩套系統之間，可能根本不存在互相溝通的可能性。這有點像是現代哲學家庫恩（Thomas Kuhn）所主張的「不可共量性」。當科學革命發生時，前後兩種理論是無法互相比較的。連科學理論都可以到達這種無法溝通的程度，更不用說人類的整套生活思維了。

所以，當人與人之間在對話時，真正完成交流的想法並不多。我們說出的想法，裡面包含了許多沒有說出來的隱藏內容，以及誤以為大家都有共識的預設。當對方聽了你的想法，也自動放進許多不在語言中的隱藏解讀，以及他自認為這想法中隱藏的共識。無論是隱藏內容或是隱藏共識，或多或少都不一樣。因此，意見交流中必然會有誤解，不要以為對方完全了解你說了什麼。尤其針對你與大眾差異較大的觀念，當聽者宣稱已經聽懂時，他聽懂的往往只是他的解讀加上他的預設。說不定距離你真正想表達的，還有十萬八千里。

懷疑是當代必備的人生智慧

即使不談高深的哲學，笛卡兒為了追求真知所嘗試的懷疑，是日常生活中很重要的智慧源頭。它提醒我們：「**絕大多數的想法都可以被懷疑。**」以及「**懷疑是走向真知的道路。**」

當我們跟隨笛卡兒的腳步，進行「懷疑」的知識改建工程，會發現許多值得懷疑的想法，協助我們打破迷思、推翻執著。如果經常懷疑自己原本堅持的觀點，也容易培養出懷疑精神。這是當今社會一項很重要的防禦武器。

《科學人》（*Scientific American*）雜誌曾有篇文章指出，想要阻止錯誤資訊在網路上擴散是很困難的，因為任何理性討論的嘗試，常會變成極端者之間的爭吵，最後只剩下對立。在這種文化裡，正確資訊很難傳遞，也幾乎無法阻止毫無根據的

4 跟著笛卡兒檢視「懷疑」
——透過懷疑發現自我

報導。最後，該文主張，這不是「資訊時代」，而是「輕信時代」。

人們每天都有可能接收到錯誤訊息，也許來自傳達的錯誤、基於政治利益的惡意造謠，或是為了商業利益的假訊息。尤其許多毫無根據、甚至對人有害的健康資訊很容易被散播，它們可能包裝得像是一則新聞，或是科學新知，讓大眾沒有心防地照單全收，不知何時將衍生禍害。

培養一種敏銳的懷疑精神，是對應這種世局的最有效方法。這種思考力也叫做「批判性思考」，強調以批判的眼光過濾所有重要資訊。尤其針對自己受到各種資訊干擾後衍生出來的想法，先懷疑過濾，以防範錯誤選擇。

懷疑心避免輕率推理的危害

對我而言，具懷疑精神的批判性思考，以及理性的力量，曾在我生命的某一刻發揮重要作用，甚至救了我一命，讓我避開極危險的災難。

有一天我開車出門時，汽車儀表板上的機油警示燈突然亮起。我想起汽車使用手冊上寫著，「只要異常燈號亮起，必須立刻停車檢查。」於是我遵照指示，把車停在路邊，打電話到車廠。車廠原本要來拖吊，但因為當時很晚了，車子開起來感覺沒問題，所以我詢問有沒有簡單方法可以辨識問題是否嚴重。車廠師傅教我如何檢查機油量，發現機油是滿的。他判斷沒有什麼大問題，可以繼續行駛，但要我盡快回廠檢查。後來檢查結果只是某個螺絲鬆脫，不影響行車安全。我問：「是否是不當駕駛造成的呢？」師傅笑了笑說：「不會！應該是出廠時就沒拴緊。」原來是品管問題。

一個月後，在前往學校的路上，煞車警示燈亮了起來。我一樣立刻停車測試，但煞車都沒問題。這時我腦中出現一個聲音：「又來了！」又一個螺絲沒拴緊吧。我暫時不管它，繼續開車到學校。

但是，我的懷疑精神也同時在作用，有另一個聲音不停在耳邊提醒，「這是以偏概全的錯誤推理。這次的情況未必和上次是一樣的。」所以，我開得很謹慎，直到平安抵達。也因為一路上都沒有異常，我更確信這是類似事件。

下課後，我計畫到市區買東西，要上高速公路，雖然我覺得車子一定沒問題，到車廠檢查很麻煩，根本沒必要過度小心。尤其當天事情多，又煩又累。儘管心中一百個不願意，但長期批判性思考訓練所培養的那股懷疑心揮之不去。最後，還是決定服從理性的呼喚，到附近的車廠檢查一下，以防萬一。

為了怕在車廠等待時無聊，我先開車回家拿本小說。在重新上路時，車一前進，就發現煞車完全失靈，幸好才剛剛起步，一陣驚慌下，還是安全把車停了下來。

這次車廠師傅檢查後發現是煞車油管漏油。當油量低於安全線時，警示燈亮起，繼續開車雖然沒問題，一旦煞車油漏光，煞車就無法作用了。算算漏油時間，如果我沒有決定去車廠，就不會先回家，那很有可能是在高速公路上煞車失靈，後果自然很不妙。這個懷疑心，讓我避開了極度危險的處境。

從懷疑到智慧的成長

學好批判性思考，對許多人來說，人生將會大幅轉變。因為，在日常生活中，我們套用各式各樣自認為理所當然的知識處事，對錯分明，不僅個人情緒受擺布，還運用它們去評價他人、指揮他人，即使爆發衝突也自以為是地堅持到底。

一旦嘗試去質疑，便有機會打破僵化的思維，從某些不當堅持中走出來，這也是智慧成長的一個重要轉捩點。

舉例來說，如果有一天，小孩說他不想上學，父母的第一個反應大概是認為孩子無理取鬧，只會想著該如何糾正他。如果改變不了，說不定會引起親子衝突，導致緊張的局面。

但笛卡兒的「懷疑」智慧告訴我們，幾乎所有事情都是可以懷疑的。因為我們一定可以找到某個思考面向，發現這件事情可能是錯的。如果找不到，並不表示自己的堅持一定正確，而是思考能力不足。

如果擁有這個智慧，便有可能重新思考，「小孩真的一定要上學嗎？」當思維進入這個階段，就會比較願意聽聽不同的想法，說不定會得到意想不到的解答。即使沒有好解答，我們也很難找到一個「非要如此不可」的理由。所以，就算孩子無法說服自己，也無法推理出「自己的想法一定是對的」。每當遇到類似嚴重的觀念衝突時，只要沒有立即危害，都可以考慮先妥協，或找到其他方案，再觀察是否有改變（自己或他人）的可能。

有一個年紀大我許多的好朋友，他和孩子的關係很糟。主因是兒子大學畢業後，找不到好工作，只能到處打零工，他覺得這樣很沒出息。更糟的是，兒子不懂得積極進取，有空就玩線上遊戲。我這位朋友在兒子身上看不見希望，就整天罵他。後來年輕人受不了便搬出去，偶爾回家時也只有爭吵，親子關係陷入谷底。

在這種情況下，如果能想到笛卡兒的「凡事皆可懷疑」，自然會領悟，其實人生在世未必都要積極進取、未必人人都要以大事業為目標。雖然不同意年輕人的生活方式，但自己的觀念也不保證就是百分之百對的。我們可以跟孩子溝通，聊一聊不同的人生觀，但未來還是要由他自己選擇，因為父母無法替子女的人生負責。

如果不認為自己一定是對的，就不會一意孤行，也比較能尊重他人的不同選擇。即使觀念上無法認同，還是可以找到適合的相處模式。我常想，如果我這位朋友願意放下觀念上的堅持，好好跟兒子相處，甚至閒暇時父子一起玩線上遊戲，就算未來真的沒什麼前途，但只要自食其力，即使不富裕或有點艱苦，但若仍能維繫和樂的家庭氣氛，這樣的人生一定不好嗎？

而且，如果真的希望兒子積極進取，惡劣的親子關係只會是阻力，若能先放下堅持，締造出好的關係，對方還比較容易改變。

我曾找機會跟朋友表達我的想法，還透露其實我也愛玩線上遊戲。他聽了沉思一陣子，接受我的想法。搞壞的關係雖然不是短時間就能修補的，但我很期待看見他們言歸於好，甚至提議找一天我可以和他們父子倆一起「為部落而戰」（玩遊戲）。

他聽後也莞爾。

沒想到，這個提議永遠只是個美麗的夢。在他們和好之前，朋友就意外過世了。由於放不下的觀念阻礙，來不及改善關係，在生者與死者之間，留下了難以撫平的遺憾。

價值標準的懷疑

世人在群體生活中仰賴許多價值標準，作為處事原則，久而久之，便視為理所當然。事實上，它們也有壞處，尤其在世代之間，常因為價值標準不同，如果雙方都堅持，便容易發生衝突。遇到這種情況，若能試著懷疑它們的必然性，就有機會找到更圓融的處事方式。

舉例來說，我過去一直覺得「守時」是一件非常重要的事情，就算遲到一、兩分鐘都很糟糕。如果跟朋友有約，我幾乎不會遲到；但若朋友遲到了，我通常會生氣，或至少擺個臭臉。久而久之，對於那種很不容易守時的活動，像是約人一起晨跑，就沒有朋友願意參加了。當然，以前的我不覺得有什麼不對，認為這是別人不守時造成的結果。

後來我開始懂得享受悠閒生活，發現守時是個大麻煩。由於我住在市郊，很難預期前往市區的交通狀況，如果要避免遲到，就必須額外提早一個小時。如果不這麼做，萬一遇到交通壅塞，我會很緊張、趕時間，甚至開快車。但事實上並不是所有事情都有時效性，尤其現在有手機很方便，如果會稍微晚到，打個電話通知一下就好，在這種情況下，何必這麼堅持這個價值觀呢？

有些堅持本身很好，但任何原則都有其不適當之處，需要保持能夠調整的彈性。只是我們必須先去懷疑，了解它並不是一個無論如何都不可違背的事情，才能開啟改變的思路。當我們對某些堅持視為理所當然，不容許任何改變，也就沒有機會培養出圓融的處事智慧。

你所以為的自己真是如此嗎？

許多人對於自己處事的動機很有自信，其實這點也值得懷疑。我們很容易看見他人做某些事、說某些話的背後動機，卻很難了解自己的。對自我的認識或許是一種最容易被扭曲的知識。如果可以時常懷疑自己的動機，便開啟了認識自我的思路，能看見更深層的自己，以及深入了解人性。

舉例來說，台灣政府基於財政壓力調降退休公務人員年金，這個政策引來許多人的抗議。由於我是局外人，所以自認可以客觀思考，思考過後，認為這是符合公眾利益的政策，所以無論反對者有何華麗的理由，我都認為反對者實際上只是為了個人私利。

因此，我一直認為，「我支持這個政策的動機，完全是基於公義的客觀思考。」然而，真是如此嗎？在更進一步反思之後，我發現其實我不是局外人，而是受益者。因為當他人原本應得的財富轉變成公共財物後，所有非受害人全都成了受益人。那麼，在我的下意識裡，是否由於處於得利一方而扭曲了自己的思考呢？另外，還可能有另一種心理現象在背後默默作用。當我們不具有別人所擁有的東西，而且心生嫉妒時，也可能會因他人失去該事物而感到幸災樂禍吧。這些心態，是否在思考時默默作用而不自知呢？

反思到這裡，就知道我必須重新思考原本的推理，判斷是否受到這些心理因素干擾。由於這種干擾很難透過內省發現，在自己有能力深度觀察內心之前，最好的檢驗方式就是跟不同立場，而且能夠客觀思考，也具備個人反思能力的人討論。否則，自己永遠看不見那躲在深層內心暗自作用的私心。

另外，在比較他人與自己的行為時，我們也常下意識故意忽視兩者間的不同基礎。例如，不遲到老闆對遲到的員工說：「我都沒遲到了，你怎麼可以遲到。」而戀愛後就不再跟異性往來的人，當情人跟異性往來時也可能會有類似說詞。

這種說法乍聽有點道理，但以懷疑心去看，就會發現它看似公平，實際上並不公平。因為那位老闆可能年紀大了容易早起、缺乏社交，或是根本生活很單調貧乏，所以重心全都放在公司。而那位不跟異性來往的，可能本來就沒什麼異性朋友。也就是說，自己所做的，可能是對自己比較容易的，或至少願意的，但要求別人比照辦理的，可能對他人來說是比較困難的，或至少是比較不情願的。但當某些說詞對自己有利時，人們會自然忽略它背後的原因與動機。

諸如此類值得懷疑的觀念充斥在生活中，給自己與他人帶來困擾，如果能夠依據笛卡兒的懷疑方法，一個一個拿出來重新檢視，我們會驚訝地發現很多事情都有待商榷，能做到這一步自然會減少困擾，增進幸福人生。

懷疑精神的壞處

懷疑一切，雖然有很多好處，但是否有壞處呢？

在我的經驗中，似乎有些壞處。舉例來說，我學哲學之前，有著很篤定的人生觀，會告訴別人什麼是對的以及什麼是錯的，滿口人生就該如何如何的道理，講話也很勵志。朋友遇到大小問題時，很愛找我聊天，聊完總會充滿正能量。但學了哲學之後，朋友告訴我，跟我講話變得不太能打起精神來了。好像什麼都沒差、什麼都可以。因為可以懷疑一切，一切都不那麼確定，我也就無法篤定地告訴別人該怎麼做了。

然而，這究竟是好處，還是壞處？「篤定」的人生觀，雖然能讓我們勇往直前、克服逆境，但同時也有壞處，它容易用來壓迫自己與他人，產生過度的得失心。

事實上，當時我哲學讀得不夠好，才會有那種好像什麼都沒差的感覺。然而，儘管無法篤定告訴別人什麼一定是對的，還是可以說出一些較有道理的建議，可以比較哪些選項是相對較好的。這樣的建議似乎缺乏力道，但也同時不具有殺傷力。

有了懷疑精神，做事就比較有彈性，這是一個好處。但有了彈性，是不是就沒有原則了呢？事實上，懷疑精神和處事原則並不衝突。和懷疑相衝突的，是無論如何都不願改變的「僵化的處事原則」。只要深入懷疑就會發現，沒有什麼無論如何都非堅守不可的東西，不思考而盲目堅持原則並不恰當。不再僵化堅守原則也不表示就沒有原則，而是不同的原則有不同的堅持程度。

以老師這個職業來說，堅守成績客觀公平的原則是很重要的。舉例來說，我曾經遇過一個學生，他延畢到了最後一年，這一年他修了我的一堂必修課，如果過不了，就不能畢業。由於他課餘都在努力打拚事業，課業表現僅維持在及格邊緣。考完期末考，他沒什麼把握，於是跑來跟我說，他拿到學位後就可以升廠長了，這對他的前途非常重要，希望我可以幫忙。

我內心很希望他可以及格、未來事業發展順遂，但也認為堅守成績客觀性非常重要，這可能是我在美國留學所學到的一項價值觀。所以我還是回答他：「我不會把他是否要升廠長這件事列入考慮，只會針對他的成績給他應有的分數。」說完，學生明顯很生氣，但也沒說什麼。我可以理解他的情緒，因為這的確不太符合一般大眾的價值觀。但若依循大眾價值觀，成績將失去意義，學位也沒有品質保證。不過幸好，我改了考卷後，發現他其實考得還算不錯，只是過度擔心了。

懷疑精神與堅持原則

我對於成績客觀性的堅持，也讓我遇到傷腦筋的情況。有個學生很優秀，常來問問題，討論中我很確信他已經學得很好，可是期末考時，卻因突來的感情糾紛而缺席。沒有期末考成績，還能通過嗎？但是他明明都會了，當掉他有什麼意義呢？這個問題讓我苦惱好久。最後我想出一個方法，由於他不是畢業班，問題比較不大，還是給他不及格的成績，但告訴他重修時可以不用來上課，所有小考、作業、期中考成績都保留，只要來考期末考即可。學生很理解地接受這個做法。當時我心想，如果他剛好缺這門課就可以畢業，該怎麼做才好？

遇到特殊狀況，就必須尋找替代方案，不應盲目堅守一個當下不適用的原則。新方案應盡可能保持原則本身的優點，且避免因特例而導致的危害。越是值得堅守的原則，允許發生特例的機會越小，這也是一種不隨意妥協而堅守原則的方式。所以，處事原則和懷疑精神可以在智慧的協調中共存，同時保留兩者的優點，並且減少兩者的缺點。

許多人認為，懷疑精神的壞處是對他人缺乏信任感，有害人際關係。但這是對懷疑精神的誤用。從亞里斯多德主張能夠邁向幸福的「美好內在」來說，這種不信任他人的懷疑並不屬於美好內在。懷疑精神針對的是訊息，而不是人格。

「信賴他人」才是美好內在。當然，信任他人的人格不一定要全盤接受其言論，因為任何人都會犯錯。當我們發現他人某些言論可疑時，也應當要懷疑，但是如果對人信任，不會馬上認為對方造謠，而是會想對方可能有著錯誤信念。除非我們有很好的理由證明他人故意散播謠言，才會開始懷疑他人人格。這種對人先信任才懷疑的美好內在，屬於亞里斯多德認同可以導向幸福的要素；而對於任何訊息先懷疑再相信的批判性思考能力，可以減少誤信不良訊息的機會，自然也是導向幸福的重要因素。兩者並不衝突。

如何培養懷疑精神

培養懷疑精神，就是在接受任何資訊之前，養成一種稍微過濾的習慣。越重要的事情，就要花越多時間過濾。「過濾」就是挑出訊息中的可疑成分。建立有效過濾器的方法，可以多認識思考謬誤的特徵，並且提昇辨識能力與敏銳度。我之前為了寫兒童思考練習的小故事，列出幾個口訣，後來發現這些口訣不僅適合兒童，也適合成年人，可以由此打造出腦中的訊息過濾器。

1. 原因不一定是這樣。
2. 以前都這樣，不代表現在也會這樣。
3. 少數這樣，不代表多數這樣。
4. 表面看到的，不一定是真相。
5. 合理的不一定就是正確的。

當我們習慣套用這些口訣去過濾訊息，就能建立一個思考的快速過濾器。當訊息具備某種特徵，大腦自然而然會產生懷疑的警訊。經常練習，逐步伸展懷疑的觸角並擴大範圍，養成習慣後，就能培養出更強的懷疑精神了。

白取春彥：我完全贊同最後段落寫到的「合理的不一定就是正確的」。

但或許是受全球經濟發展成果主義的影響，當今社會中大多數的人都認為事物只要存在合理和效率的特徵就是正確的。當經濟學價值已經不知不覺地影響到了人們的倫理觀時，現代社會不是就處於倫理危機中了嗎？

冀劍制：在日常生活中，人們習慣不嚴謹推理，直接把合理的當作是正確的。實際上，這並不完全是個缺點，因為也確實沒必要凡事都講求精確邏輯。舉例來說，到餐廳點餐，究竟要點什麼才不會後悔？這種事情隨意想想就好，只要有合理的想法，就直接當作是正確的，不用太計較，反正錯了也沒什麼大不了的。如果凡事都想找出最佳解答，人生也太辛苦了。

然而，當我們養成輕率推理的習慣，就可能在某個輕忽的時刻，用一樣的態度面對重大決策，誤將合理當成正確，而招致一些原本只要稍加思考就能避免的不良後果。

我平時在談這個「把合理當正確」的思維謬誤時，通常只注意到日常的邏輯推理，不會將之套用在價值觀的形成因素上。但看到白取老師提出的問題，也跟著開啟了新的思路。人們確實習慣把合理的價值論述，當成正確的衡量標準。而且，這個面向對人與社會的影響可能更加深遠。例如，人們習慣用經濟成長的數據為標準，來衡量一個政府的好壞。這個價值觀很合理，但正確嗎？

「拚經濟」已經成為許多政治人物的口頭禪。因為大多數人都希望生活更富裕，而拚經濟的口號就是在實現這個夢想。所以，這個口號以及其相對應的實際行動，都會讓一個政治人物更受歡迎。當然，「給人民過好的生活」是政治人物的責任，而更富裕的生活，自然是好事，所以，能讓經濟更好的政府，容易被視為好的政府。

這個推理看似合理，但仔細思考會發現，它完全忽視經濟成長所帶來的負面影響，像是環境汙染，以及全球暖化等問題。在價值思考上，人們容易迷失在一些期待的特徵上，只要附加合理論述，就自然忽略其反面。這種集體的迷思，會形成一股強大的民意力量，掩蓋理性的吶喊，讓整個國家、甚至整個世界，像脫韁野馬，在墜落懸崖之前，盡情奔馳。這個現象，不就是現代社會正上演的危機嗎？冰河塌了、海洋髒了、地球病了，但這匹野馬，仍然繼續勇往直前。而哲學，或許是讓這種「失控的進步」，停下來的最終力量。

5

跟著休莫檢視「自我」

——拋棄自我，獲得自由

想像在遠古時代，一個群山圍繞的小村莊，村裡一切自給自足，跟外界沒有任何往來。村裡的人一直相信，這個村莊就是整個世界，群山就是世界的邊界。世界上的人、動物、昆蟲、花草樹木，盡在眼前，也由此建構出一幅完整的世界圖像。

有一天，一位少年想到世界邊界探險，費盡千辛萬苦，跨越一座高過一座的小山，最後終於到達大山山頂。放眼望去，無邊無界。原來村莊只是世界的一個小角落，外面有著奇花異草、沒見過的動物與昆蟲，說不定還有各式各樣的人，以及想像之外的事物。這個時刻，原本的世界圖像崩解，少年內心感到極大的震撼。

這種震撼，就像閱讀十八世紀英國哲學家休莫（David Hume）的哲學會升起的感受。那麼，究竟是什麼樣的哲學思維，可以讓我們有這樣的神奇體驗呢？

在閱讀休莫哲學之後，大哲學家康德（Immanuel Kant）說：「**休莫敲醒了我獨斷的美夢。**」所謂「獨斷」指的是針對某些觀念與想法過度武斷。由於哲學非常重視反思，照理說哲學家是一群最不會過度武斷的人，尤其大哲學家就更不用說了。如果某些想法可以敲醒康德的獨斷，應該是令人感到驚訝的。

但讀到康德這句話時，多數人並不會太驚訝。因為只要能看到自己在某個觀念獨斷，應該就能鬆動想法，不再獨斷；會有獨斷的觀念，都是自己不知道的。所以，人們只會覺得自己過去獨斷過，不會覺得現在獨斷。因此我們會自動將康德所言合理化，認為康德年輕時曾經很愚蠢地獨斷過，但經過休莫哲學的點醒，才變得比較不獨斷了。這是成長的一個過程，而我們自己已經超越這個成長，所以康德的感覺和自己無關。

如果讀者真是這樣想，不用感到不好意思，我在大學時期讀到這段哲學史時，一開始也這樣認為。

但事實是如何呢？如果以康德從獨斷的夢中醒來為比喻，「**大多數人還在夢中。**」處於夢中的人是不會知道自己在作夢的，只有醒來時，才知道原來是一場夢。而醒來後，是不是還在另一場夢裡呢？這誰也不知道。究竟要醒來多少次，才能確定自己真正清醒？這是一個大問題。但休莫的哲學，至少喚醒了康德的一場夢，一場獨斷的夢。在我更深入地了解休莫之後，也終於獲得這樣的醒悟，從獨斷的夢中被驚醒。

這種獨斷，無法藉由笛卡兒所強調的「每件事情都應該懷疑過一遍」來解除。即使我們依照笛卡兒的建議，「每件事情」都懷疑過一遍，還是有很多東西會遺漏掉，因為有些東西根深蒂固到很難察覺它們的存在。既然無法察覺，就不可能去懷疑了。然而，休莫的懷疑有些不太一樣，是一種知識上非常具有深度的懷疑。更重要的是，他不是為懷疑而懷疑，而是確實指出了值得懷疑之處。

休莫的懷疑從何而來

笛卡兒可以說是承繼柏拉圖的傳統，強調最重要的知識都是天生的，像是邏輯、數學等知識。而且光是經由思考，就可以找出最根本的知識，像是「我思故我在」。相較之下，休莫承繼的是亞里斯多德重視感官經驗作為知識起源的傳統，主張所有知識都源自於感官經驗。也由於這樣的一個預設，開啟了休莫的深度懷疑。

既然一切知識來自於經驗，休莫就必須嘗試回答各種知識如何從經驗而來。但在探索的過程中，他卻發現，有些很根本的知識無法從中找到起源。於是，他開始思考，既然這些知識不是來自於經驗，又非天生，那麼它們究竟是怎麼來的？根基為何？難道只是無意間誤放進來的嗎？如果真是如此，那麻煩大了，因為它們屬於許多知識的根基，萬一根基崩解了，我們的知識之海將掀起一股驚濤駭浪。的確，休莫掀起了驚濤駭浪，無論他是否有意這麼做。

5 跟著休莫檢視「自我」
——拋棄自我，獲得自由

針對各種懷疑，休莫對「自我」與「因果」的懷疑尤其帶來深遠的影響。

休莫對「自我」的懷疑

休莫不同於笛卡兒肯定自我存在的觀點，卻認為「自我」的存在是可疑的。他所懷疑的自我和笛卡兒心目中的那個「思維主體」並沒有什麼大差別，都是指心中的那個「我」。以笛卡兒的「我思故我在」來說，「我」的存在是不可被懷疑的。因為思考必須包含思考主體，而懷疑是一種思考，思考主體也就是所謂的「自我」，所以「懷疑『自我』的存在」這句話本身是矛盾的。

笛卡兒的推理聽起來頗有道理，但對休莫而言，笛卡兒心目中的「不可被懷疑的自我」一樣是可以懷疑的。因為，笛卡兒所談論的「自我」，其意義實際上超出了論證中可以支持的「思考主體」。雖然，有思考時，的確必然有思考主體，但不思考的時候呢？這個思考主體仍繼續存在嗎？下次思考時，出現的思考主體會是同一個嗎？

笛卡兒心目中作為思考主體的「自我」，顯然具有這種持續性與承接性。也就是說，笛卡兒在談思考主體時，即使沒在思考，思考主體也繼續存在著。而下一回思考時的思考主體，和之前的思考主體是相同的。這個思考主體也才符合我們一般所說的「自我」。

到此，計畫要懷疑一切的笛卡兒沒能再懷疑下去。由於這種自我觀，也是大多數人習慣的想法，世人也就沒意識到這個推理有任何問題。

簡單的說，笛卡兒的「我思故我在」論證，只能主張在思考的當下有思考主體存在，但不思考時，無法確認思考主體，而且下一回思考時，也不能說同一個思考主體又開始思考了。否則，我們必須想像（假設）一種類似「靈魂」的內在核心，作為思考主體的存在基礎，才能得出笛卡兒心目中的自我觀。

休莫發現，我們對此一內在核心（的假設）並沒有任何直接經驗。也就是說，我們沒有任何感覺經驗可以確認這個「自我」。這個自我比較像是一個觀念性的存在，如同完美的圓形只屬於觀念性的存在，而實際上並不存在；或像是一種知識上的假設，如同牛頓假設地心有個引力，吸引著一切物質，用以解釋觀察到的現象，但實際上未必有這種吸引力。

在日常生活中，我們藉由這個想像的「自我」，建立各種關於「我」的了解，以及區分自我與他人的差異。從休莫的眼光來看，如果我們把這個像是靈魂核心的自我觀念先在知識上去除掉（這很難做到，但只要多嘗試，實際上可以辦到），剩下的就會是一連串感官知覺與內在印象混合而成的集合體，這裡面未必有一個可以不斷延續，像是靈魂的核心存在。

由於我們習慣將這個像是內在核心（想像出來）的東西當作自我，才建立起對自己的認識。但當我們試著把這個核心去除掉，人剩下的是一連串的經驗流，就像一把火，不斷冒起熱氣發出光芒，我們會覺得那是「一樣東西」，但這只是錯覺。火是許多發光氣體連續散射出來的現象，沒有一個可稱呼它為「一樣東西」的存在核心。如果人的心靈世界也看成是一股不斷湧現的經驗流，沒有內在核心，那就沒有所謂的自我。

否定「自我」的當代哲學與科學

這種觀點看起來雖然很特異，像是古怪哲學家幻想的神奇世界，但實際上我們不僅如休莫所說，無法從內省中找到「自我」的知覺經驗，從大腦神經的運作來看，我們也找不到專司「自我」的腦區。

當代科學與哲學目前較具說服力的理論認為，自我源自於大腦的訊息統合功能。由於各種來自外界的感官經驗以及內在想法，全部被統合在時空背景之下，並且由一個身體所承接。在這樣的條件下，就容易產出「我」的概念。但這些條件沒有一個可以稱得上是「自我」，生活中最常被當作自我的身體自然也不是。因為重點在於內在思想，當一個人沒有思維運作時，就不會有所謂的自我。

一旦這些條件的任何一項出了問題，「我」的觀念就會遭到某種程度的破壞，如此一來，「我」就不太像是一個「我」了。各式各樣的腦傷病患，已經呈現出這類現象。就像失智症病人記憶迅速流失、內在想法越來越少時，「自我」就變得不太一樣。當某些腦傷病患不再把身體當作自己的身體，「自我」也跟著改變。當多項條件不再時，自我的觀念就容易分化，甚至消失。

所以，我們可以說「自我」是一種認知的產物，是一種自然形成的假設性存在，甚至可以說是一種錯覺，它本身並不具有確定性，我們也無法指出任何一項存在事物然後說，「那就是我！」

當我們的思維能夠從對自我的迷思，暫時脫離，從生命成長的角度來說，也就是佛教所說的「放下自我」、「破除我執」。

套用休莫哲學修佛法

破除我執，是佛學上從苦中解脫的重要關卡，卻是一項非常艱鉅的修行任務，常讓人不知從何處著手。然而，休莫的哲學可以說是破除「我執」的最佳輔助路線，讓我們更容易了解，原來我們所執著的自我，很可能只是一種錯覺。

所謂「我執」，指的是依據「我」的觀念所形成的各種習慣性思考。這樣的思考根深蒂固地附著在思想與情感之中，讓人無法發現原來這只是一種思考習慣。

人生中的大多數煩惱，也源自於我執，像是「別人怎麼看我」、「我是什麼身分」，以及「我的存在是否遭受危害」。例如在社交場合中，如果有人說了什麼不尊重的話，或是受到眾人忽視、做出糗事，都會讓我們感到很不愉快，好像有個很核心的關於自我的東西受到傷害。但是，如果這樣東西只是假象，並不真實存在，我們何苦這麼遷就它呢？何苦為了它而汲汲於追求名利，甚至在追求中折損幸福。

「自我」的觀念，就像一個潛藏在思維深處，帶來痛苦與煩惱的鬼怪。只要能將休莫對自我的懷疑，放進我們的思路中，就會發現很多造成煩惱的思路止息了。「自我」的觀念暫不起作用，許多煩惱的源頭便跟著消失。沒有面子問題、不擔心個人成就、不恐懼他人對我的觀感，甚至不害怕死亡的來臨。到了這個地步，自然而然能從煩惱的源頭解脫出來。

自從學了休莫哲學之後，我便經常想像自我不存在的狀態，將心靈視為一連串的經驗之流。在逐漸脫離自我觀念束縛的過程中，越來越容易處於一種像是「無我」的狀態。這種狀態可以用來躲避突發的情緒。

舉例來說，我很討厭學生上課時滑手機，所以訂下課堂上不可滑手機的規則。但總是有人不予理會，即使我在課堂上提醒了幾次，當下雖然會把手機收起來，但過沒多久又繼續划。這讓我感到非常不受尊重，「我明明這麼認真教書，為什麼學生這麼不尊重老師呢？」類似的思維容易讓人越想越生氣，久久無法平息，甚至嚴重到難以專注授課的地步。

無論是什麼樣的源由，只要是自己在意的事情，就容易引發激烈的情緒。但任何時刻，當情緒的波濤湧起，難以負荷時，我發現若能暫時放下自我，心中無物，雖然憤怒的情緒不會馬上消失，但也只是生理上的不適，它會自然減緩、逐漸消退。等生理反應消退後，只要不要持續執著，心理上也跟著釋然。而且無論多大的波濤，都會像是一顆石子丟入湖中，雖然引動情緒的漣漪，都能逐漸恢復平靜。正如禪詩所言：

手把青秧插滿田，低頭便見水中天。
六根清靜方為道，退步原來是向前。

一顆心放在外面，便遭受風吹雨打。將它收回來，放下自我，少了承接點，就暫時沒有尊重不尊重的問題，心境自然就如同映照在水田裡的天空般自得。

針對這個苦惱，後來仔細想想，其實學生上課滑手機有時是在Google上課內容，也不見得全是壞事。畢竟我們已經進入一個很難禁止大學生上課滑手機的時代，乾脆就把是否要認真上課的事情，交給大學生自主決定。於是我不再立這條規則，心念轉了，放下堅持，問題也跟著消失了。

放下自我，擁抱自由

破除我執的作用不僅可減少心理上的困擾，甚至還有減緩生理痛苦的功效。

生理上的痛苦，有時是很複雜的，除了痛感本身，還包含了許多由自我觀念所引發的煩惱，混雜在一起後，導致更複雜的感受。例如，如果腳扭傷了，受傷的痛屬於單純生理的痛，即使沒有自我的想像，一樣會痛，沒有差別。但是，我們受傷之後，往往會帶來許多負面想法，為什麼我會受傷？為什麼是我？我為何這麼倒楣？甚至懷恨害我受傷的人，以及想像如果自己沒有受傷該有多好。這些念頭，都包含了自我的觀念，把這些思緒加入單純的生理痛苦中，人的心情變得複雜，強化負面感受，甚至覺得更痛、更難忍受了。

在大學時期，偶然聽到一位易學大師演講，立刻被他的風采所吸引。於是我和兩位學長一起前往求教。他為我們三人開了一個小型易學班，每週一天，早上討論易經，中午一起吃飯，下午教我們靜心打坐。

記得有一回打坐時，雖然心靜如止水，但盤著的腳踝痛了起來，越來越痛，臉部表情糾成一團。那時易學大師說了一句令我至今仍然印象深刻的話：「它痛它的，你坐你的。」這句話雖然很怪，但我當時沒有多想，只跟隨話語的指引，竟然逐漸將「我」和「痛」分離開來。痛覺其實沒有什麼不同，一樣感覺得到，可以說一樣算是「我的痛」。但當「我」的觀念和痛覺分離，它竟不再具有干擾作用，甚至可以平靜地觀看它，像是一個外物。

可惜在那次經驗之後，就沒有更多體驗了。因為當時我的人生路途轉向純粹知性的學術發展，讀研究所、修博士學位、再藉由發表研究論文從助理教授一路升上教授。直到這幾年來，才又想找回靜坐的習慣，參悟那語言之外的智慧。

休莫對「因果」的懷疑

休莫令人震撼的懷疑，除了「自我」之外，還有對「因果」的懷疑，也就是對事物之間「因果關係」的懷疑。

在批判性思考的謬誤辨識訓練中，有一種謬誤稱之為「輕率因果連結的謬誤」，意指人們很輕率地把兩件事情用因果關係連結在一起。例如，如果朋友、親子或夫妻關係變差，很容易訴諸某個事件，由於做錯了某件事，導致關係不好，或是簡化成個性不合。但是，人與人的關係往往不是一個突發事件或是個性造成的，而是長期某些格格不入的心理效應，讓某一方或甚至雙方都必須忍讓，經年累月逐漸磨損情感。在最初時若沒有發生任何改變，等到某一方決定放棄而不再忍讓時，通常為時已晚。一段不良關係，若沒有發現真正的原因，而輕率地訴諸錯誤原因來解讀，將難以預防未來類似狀況再度發生。所以，總是有人一直不斷與人決裂，還覺得自己都遇到壞人。

輕率訴諸因果連結而產生錯誤知識，在日常生活中很常見，需要抱持懷疑精神，減少自己因為這種錯誤知識而導致錯誤的思考與抉擇。然而，這樣的懷疑，屬於笛卡兒層級的懷疑，笛卡兒認為我們應該對所有事情懷疑一遍，當然包括這種輕率因果所造成的輕率知識，在未來訴諸因果時，也要格外當心。

然而，休莫對因果的懷疑並不是如此，笛卡兒說不定連想都沒想過，更不用說我們大多數人了。休莫懷疑「因果是否真的存在？」

這個問題甚至不好理解究竟是什麼意思。依據我在大學的授課經驗，雖然每次都很強調，休莫對因果的懷疑指的並不是「輕率因果連結的謬誤」，而是針對因果本身。即使不斷強調，還是有學生會誤解。就算上課時沒有誤解，考試時也能寫清楚，但過了一段時間後，當我再談論休莫的這項懷疑時，誤解就又出現了。好像大腦裡面有個機制，會自動把休莫的這個懷疑轉換成輕率因果連結。

會有這種現象，很可能是因為我們太習慣因果的思考，也覺得因果關係太理所當然了。但是如果能順著休莫的思路，對所有事物保持一種開放的心態，並引入蘇格拉底強調的無知之知，便容易發現，我們完全無法估算還有多少關於世界的知識是我們不知道的。我們目前對宇宙真相的了解，可能非常微小，依照現有的知識與直覺做判斷是遠遠不足的。在此情況下依照理性思維，也會發現「因果的存在」確實值得懷疑，一旦「因果」真的不存在，我們對宇宙的認識將必須重頭來過。

因果不存在？

休莫所屬的經驗主義學派主張，所有知識來自經驗。當休莫檢視關於因果的知識時，發現我們根本沒有所謂「因果關係」的經驗，充其量只是「某些事物經常性地具有前後關係」，而我們容易把這種關係用「因果」連接起來，認為某件事情「導致」另一件事情的發生。對此，休莫思考著，「因果觀念」從何而來？是否可以觀察到「因果」呢？休莫發現，「沒辦法！」我們並沒有任何關於因果的感官知覺，簡單的說，這個觀念莫名其妙地出現在我們的思考中，而我們也很自然地套用它，並形成對世界以及萬事萬物的認識。一旦追根溯源便可發現，「因果」是一個值得懷疑的東西。

當然，休莫並沒有說「因果不存在」，他認為，由於因果就像自我一樣，缺乏感官感覺的觀察基礎，因此它的存在是很可疑的。儘管休莫提出很合理的理由來懷疑是否真的有因果關係，為何大多數人還是難以接受，甚至難以理解呢？讓我們用實例來思考這個問題。

我現在坐在書桌前，假設我把手上的筆放開，筆就會掉到桌上。這時我們會說，「因為我的手放開，導致筆掉在桌上。」也就是以「我的手放開」為因，以「筆掉在桌上」為果，連結一個因果關係。但休莫發現，我們的感官知覺實際上只能觀察到兩者（手放開以及筆掉在桌上）前後發生的關係，但是這樣的前後關係，無法用來支持一個因果關係。因為「因果」顯然比「前後」包含了更多的內容，表示這兩者之間有一種特殊的聯繫，然而這種聯繫，卻是無法觀察的，我們只不過用理所當然的態度解讀它們。如果要訴諸大眾耳熟能詳的科學精神「有幾分證據說幾分話」來看這件事，我們必須說，其實沒有證據支持這裡面有因果聯繫。

有人會說，「手放開」並不是真正的因，真正的因是引力，手放開只是讓地心引力把筆吸到桌上而已。或許，也有更前衛的知識分子會訴諸愛因斯坦的相對論，主張真正作用的不是牛頓觀念下的地心引力，而是彎曲的空間，地球讓空間變成彎曲，而筆不過是在彎曲的空間中以直線前進，所以落在桌子上。這些懷疑都很好，但屬於笛卡兒式的懷疑，是懷疑真正的因果究竟在哪裡。然而，休莫根本上懷疑裡面有因果作用。這時我們會反問，總該有個原因吧！否則為什麼筆會掉在桌上呢？

這樣的疑問，正顯示出在我們的思考中，「因果觀」有多麼根深蒂固。如果不依據因果觀來思考，甚至會變得不知該如何思考。然而，這個世界的真相未必就如我們直覺能夠把握，以及習慣性思維能夠了解。如果宇宙的真理超出我們理性能掌握的範圍，這一點也不奇怪。如果沒有因果作用，是不是就無法理解筆掉在桌上這件事了呢？

其實未必，如果能放下習慣性的世界觀，讓想像力冒險衝出囹圄，就會發現如果所有一切都沒有原因，好像也沒什麼好奇怪的。科學上許多人認為，宇宙起源的大爆炸是沒有原因的，既然理性上可以接受「沒有原因也可以導致整個宇宙誕生」，為什麼筆掉在桌上非要有原因不可？

如果因果只是一種習慣性思維，它根本不存在，世上還有什麼難以接受的呢？如果再運用蘇格拉底智慧中的無知之知來思考，就會發現可能有無限多種超出想像的關係，可以用來連結「放手」和「筆落下」兩者之間的聯繫。「因果觀」只是無限多種可能關係中的一個，而我們如此堅持它，並沒有什麼好理由，只是習慣於用這樣的觀點去解讀世界而已，它未必就是宇宙的真理。

休莫這項懷疑，等於崩解一種世人習以為常（甚至沒有意識到自己習以為常）的世界觀。這個懷疑甚至超出了以「破」（藉由破除執著達到煩惱的解脫）為主要思考路線的一般佛學理論。

一般而言，佛學相信因果，認為因果業力是必然的，而且是無法跳脫的。但是，佛學中的一支稱為中觀學派，其所談的「空性」（一切皆空）似乎企圖否定所有一切，至於是否要一併否定因果則引起了很大的爭議。因為，如果沒有了因果業報，佛學還能是佛學嗎？這種爭議或許是促使佛學理論開枝散葉，追求更高智慧的契機，而禪宗裡也發展出「不昧因果」的故事。

用休莫哲學參野狐禪

在一千三百多年前的某一天，百丈禪師說完法之後，有個老人還沒離開，走過來表明說，他其實是個野狐精，但很久很久以前是在此山中的修行人。當時有人問他：「大修行人還會不會落入因果循環之中？」他回答：「不會！」結果顯然答得不對，誤了別人，於是變成了野狐精。但他一直百思不得其解，因為大修行人顯然不該繼續落入因果之中，否則修行的意義是什麼？為什麼說「不會」是錯的？究竟錯在哪裡？

所謂「因果」，指的是因果報應。有因就有果，做了任何事情都是種下一個因，而這些因都會導致某種果。這樣的因果循環，也讓人們不斷在六道裡輪迴。會提出這個問題，是因為所謂「大修行人」，指的是能夠脫離六道輪迴的人，既然能脫離六道輪迴，就表示已經不在因果的影響力範圍了（或至少已經不受六道的因果影響），因此大修行人「不落因果」。為何這樣的觀點是錯的呢？百丈禪師給他的解答是：「不昧因果。」野狐精聽了恍然大悟，感謝離去。

這個故事在禪宗裡有個名稱，就叫做「野狐禪」。它究竟在講什麼？歷史上許多禪師提供各種不同的解答。如果從休莫的角度來參這個公案，大概會是這樣的解讀：「不要執著因果。」這是一種態度，而不是一種解答。或者，如果可以不執著於「態度」與「解答」間的差異，這也可以算是一種解答。這樣的態度就像是休莫的懷疑，而不是否定。而且，這樣的「解答」，只能在直覺跨出言語理解的世界後才能意會，由於在語言理解的世界之外，所以無法言傳。

非語言的世界

當我們套用蘇格拉底無知之知的智慧，看見在我們現有知識之外，仍存在某種尚未知曉、也難以用語言描述的世界時，內心就會被注入某些非語言、非文字、無法理解，只能體會的模糊狀解答。它們超過我們目前可以用語言文字表達的領域，也或許，真理就是這樣的面貌。雖然這個解答感覺不太算是一種解答，但如果不要太執著於文字的解答，而讓這樣的思維轉化成生活的智慧，那麼這就會讓哲學思維走入理性之外的世界。如果我們前往那個世界探險，究竟可以發現些什麼呢？我想，應該已經有許多人在那裡，並且分享了他們的發現？只不過，既然那超出語言能清楚表達的範圍，便很難分享。到頭來，若有興趣，還是得親自走一遭吧。

問與答

白取春彥：從我自身經驗來說，我曾有過十個月獨自看護我父親的經歷。那段時間，我體驗到了什麼是失去自我，也可以說，體驗到了什麼是無我。從那以後，我終於理解了禪學裡的問答意思。也明白了，禪學裡所講的道理雖然每次表現形式不一，但其實內容都是大同小異。冀老師在最後一段所寫的，「只能體會的模糊狀解答。」指的是，我們日常所邂逅的藝術、小說、詩歌、繪畫、古典音樂（特別是沒有歌詞的）等這些嗎？維根斯坦在《邏輯哲學論》書中的最後一行寫到「不可說的」，指的也是一樣的東西嗎？

冀劍制：依據實踐哲學的認知過程理論，我們可以透過某些特別的實踐而獲取新的經驗。對這些新經驗的掌握，便形成新的知識。當這些新知識無法用現有的語言來表達時，實踐者就獲得了某種無法藉由語言表達，而且難以和（缺乏此經驗的）人溝通的知識。

相同的，白取老師在放下自我、全心看護親人的實踐中，體悟了無我的境界。這個體悟所形成的知識，可以在禪學中獲得印證，也可以發現其實歷史上很多人經由不同的實踐，而獲得類似的體驗。有了體驗作為理解的基礎，便可以發現不同的人，用不同的方式，卻描述類似的東西。但對於無此經驗的人來說，這是難以理解的事物，無論如何嘗試解讀，都只是誤解。

也就是說，這類知識只能和有類似體驗的人溝通，若無特定經驗為基礎，溝通的可能性便不存在。越少人具備的經驗，能溝通的人自然越少。白取老師提到的藝術、小說等體驗，我覺得都可以歸類到這個領域，只不過這些日常生活的美學體驗，能溝通的人較多，較不讓人感到神祕。但禪學裡所描述的事物，體悟的人少，就容易讓人覺得是另一種完全不同領域的課題了。

維根斯坦在《邏輯哲學論》的最後一句話：「對於不可說的，我們便閉口。」我相信他也是在談一樣的東西，只不過可能是否定這類知識價值的態度。由於維根斯坦這本著作的目的是想把世界和語言合併在邏輯的結構中，那麼，超出語言範圍的東西，可不僅僅要閉口，而是根本就「不值得一提」，因為在世界中，無法找到它們存在的地位。如果維根斯坦這句話背後的隱藏意義真是如此，那我個人就不太認同了。

6

跟著康德檢視「認知」

——翻轉觀點，也翻轉人生

從人生的角度來看，「懷疑」可以預防危險的決定、擺脫因執著而生的煩惱，但是懷疑也容易讓人無所適從，在面臨重要抉擇時，徒增茫然。

破除獨斷，還是帶來迷惘？

在課堂上，我常跟哲學系學生說，學習哲學固然很好，但不要讓自己變成一個只懂哲學的人，要伸出觸角多涉獵其他知識或技能，不僅有利生存，也能發揮哲學的優勢，實現有成就感的事業。

每當我提出這個建議，就像在課堂上施展魔法，喚來迷惘的冷空氣，久久無法散去。或許，多數人就是因為不清楚自己未來的方向，心中充滿了疑惑，才選擇哲學系就讀，我的建議卻打亂了他們的思緒。就算有學生思考要伸出觸角學習一項專長，往往也不知該如何選擇。

後來，我發現不僅僅是哲學系學生，甚至許多就業導向科系的學生也有類似問題，他們可能已失去原本的興趣，或發現在該領域比不上別人，不知未來該怎麼走下去，怎麼想都想不出解決之道，於是跑來哲學系上課，希望可以獲得解答。沒想到接連遭受「懷疑」的轟炸，從笛卡兒（理性主義）「懷疑」到只剩下自我，再到休莫（經驗主義）走向了徹底的「懷疑」，把看似可靠的根基全都摧毀了，最後反而招來更多的困惑。

哲學起源於好奇心，目的是追求萬事萬物的真相，就像笛卡兒哲學的思考方法：懷疑只是手段，真理才是目的。懷疑的主要價值是破除獨斷，但許多人在思考方面的最大困擾並非獨斷，而是相反的，缺乏自信心，不知如何在困局中思考，因此每當遇見難關，都難以找到讓自己感到安心的想法。

康德（Immanuel Kant, 1724-1804）是十八世紀的德國哲學家，他閱讀了休莫的著作，敲醒了獨斷的美夢。宣稱自己從獨斷美夢中醒來的康德，並沒有落入懷疑的深淵，而是努力尋找方法避免獨斷、走出懷疑，以重建哲學體系。這就像在迷惘的人生中，在一片缺乏確定性的基礎上，嘗試去找出最佳解答。

這個目標，光是聽起來就感覺很不可思議，無怪乎他的成就在哲學史上占有一席之地。於是，一種不再堅持絕對真理，但又能找出相對較高可信度的哲學出現了。

統合理性主義和經驗主義的妙招

西方哲學從蘇格拉底開始，非常重視理性思考，認為理性是解答一切的根基。然而，當休莫運用理性走向深度懷疑，等於對此傳統提出質疑。接下來該如何看待理性？針對這個問題，康德找到一條更合理的思路，寫下《純粹理性批判》。

首先，康德認同休莫的懷疑，但不接受「一切知識來自經驗」的觀點。相反的，他同意柏拉圖和笛卡兒的想法，認為某些（例如，因果）知識是天生的，如此才能解釋為什麼我們難以根除這類知識，以及為什麼在不同文化成長的人都有這些觀念。

事實上，當代發展心理學的研究也相當程度地支持這個主張，因為研究者發現到，尚未學習語言與各種知識的小嬰兒就具有某些天生知識。例如，如果一顆彈珠滾到看不見的地方，嬰兒會很好奇地一直盯著看它「消失」的地方，甚至想去尋找它，這顯示嬰兒具有「物體不會憑空消失」的知識。除此之外，3D 空間觀等也都像是天生的知識。

然而，天生知識是否一定正確？關於這一點，康德反對柏拉圖和笛卡兒，他主張先天知識不一定正確，因為我們實在沒有什麼好理由可以證明天生的一定就是正確的。以因果知識來說，康德認為它雖是天生的，卻未必是世界的真相。而當代科學也支持這種看法，例如，從愛因斯坦的相對論來說，我們天生的 3D 空間觀就是錯的，這世界實際上是四次元世界，某些物理學理論甚至認為還有更高次元的存在。

那麼，這種天生、但又不一定正確的東西是什麼呢？康德認為，我們天生有一套用來認識世界的模子，像因果知識其實就是這個模子的一部分，整個模子還包含了時間與 3D 空間等等。

依據這個觀點，**我們實際上不是在認識真實世界，而是把真實世界的各種訊息，套用在我們用來認識世界的模子上，然後以此來理解世界**。簡單地說，我們所認識的世界，是透過天生認知模子塑造的世界，而不是世界真實的原貌。也就是說，人類只能認識天生認知模子反映下的世界，永遠無法認識真實世界。

知識上的哥白尼式反轉

在科學發展史上，哥白尼主張，雖然我們看到的是「太陽繞著地球轉」，但實際上卻是「地球自己轉」，這樣的革命觀點被稱為「哥白尼式反轉」。康德則認為，雖然我們以為正在認識眼前這個世界，但實際上，我們的認知功能主動將外來訊息編造成我們能認識的模樣來解讀世界。以因果關係的模子來說，我們以為世界依據一個因果聯繫網路在運作，實際上只是用因果的認知模子看這個世界。換句話說，我們所認識的世界，是由認知模子依據外來訊息為素材而加工製造出來的東西。康德這個哲學思想就被稱為「知識上的哥白尼式反轉」。

康德的哲學體系雖有否定，但也有建構。他否定我們能夠認識真實世界，但可以建構以認知模子為基礎的知識。所以，雖然康德哲學主張我們不可能認識真實世界，但這個哲學實際上不能算是一種懷疑主義，而是**在反思理性的界線後，試著把握我們可以把握的東西**。

我們也可以把這個認知模子想像成一種有色眼鏡，透過這副有色眼鏡看世界，把世界塑造成我們能理解的樣子後認識它。當然，無論是用模子或是有色眼鏡的比喻都過度簡化，因為我們實際上無法知道真實世界的模樣，而且也只能知道部分認知模子（或許還有許多是我們自己意識不到的），所以很難談論怎樣的比喻才更為恰當。

總之，若將這個康德哲學應用在生活上，可以發現三項值得反思的人生智慧。第一，了解界線的智慧；第二，善用有色眼鏡的智慧；第三，尋找最佳解答的智慧。

6 跟著康德檢視「認知」

——翻轉觀點，也翻轉人生

一、了解界線的智慧

康德反思理性時發現，認知模子其實就是理性思考能到達的界線，因為我們的思考不可能超出這些模子。例如，我們很難想像一種沒有時間的存在物、不在空間中的物體，或是沒有因果關係的世界。但其實我們並沒有什麼好理由主張時間、空間以及因果關係一定就是世界的真實結構。如果世界實際上不是這樣，我們將永遠無法了解它。

舉例來說，在康德之前，許多哲學家企圖用理性論述神的存在。但是，在對理性反思之後，康德主張，由於神的定義是無限與永恆，也就是超越時間與空間，但時間與空間卻是我們用來理解萬事萬物的認知模子，而超越認知模子的思考是不可能的。據此，康德得出一個結論，由於我們根本無法了解神，而要去思考一個根本無法了解的事物是否存在，是不可能的事情。除非我們改變神的定義，否則神是否存在的問題超出了理性能談論的界線。

再進一步思考，也可以發現，我們不僅無法論斷神是否存在，就算神真的存在，針對超越我們想像的神的想法是什麼，也超出我們的理解範圍。從這角度來說，某些人自稱是神的代言人，並用人類認知界線發展出來的語言文字描述神的思想，也是件荒謬的事情。

當然，神有可能具有某些人類可理解的想法，但即使如此，由於任何一個詞、一句話，都包含了許多不同的預設與隱藏脈絡，如果沒有真正把握這些隱藏脈絡，就不可能真正把握一個想法。因此，在傳達神的旨意時，即使對神來說，那些語言文字是正確的表達，但這些話落入不具有神的思維脈絡的人們大腦裡，將很可能轉變成完全不同的面貌。就算有些「神的思想」勉強可以傳達，也將具有容易錯解的危險性，而且萬一理解錯了，將很難發現。

當然，如果不要把神定義到理性界線之外的存在，便可以避開這個問題。但這樣的神，大概就很難再被稱為神了。

教育的界線

康德這個「先想想界線」的思考方法，很值得運用在生活中。先思考基本限制，再去判斷究竟能夠期待些什麼，揮去不可能的幻影，防止徒勞的人生方向，反而較能抓住最值得追求的目標。

如莊子所言：「吾生也有涯，而知也無涯。以有涯隨無涯，殆已。」對於想要知道一切，或是只看到自己知道些什麼而誤以為無所不知的人來說，這句話便有當頭棒喝的效果。因為人生有限，知識卻無限，以有限追逐無限，則是徒勞的。了解這個限制，轉變求知的方向，重質不重量，盡力將知識轉化成人生的智慧。有了這個認知，也等於獲得一種無知之知，了解自己的渺小，收回傲慢之心，更專注在值得追求的事物上。

從教育的界線來說，老師或父母大多有個目標，想要把學生或小孩教育成某種樣子，但是，除非我們主張人的一切都是由外在環境所決定，否定人擁有自由意志，否則，想要刻意塑造一個人是不可能的。

也就是說，一個人未來發展的最終關鍵，在於個人意志。老師或父母只要有此認知，就不會把學生或孩子看成是一塊黏土，試著雕塑柔捏成一個作品，而是考慮其個人想法，想往哪裡走、期待些什麼，並在他的發展方向中給予引導、協助。這才是教育的真諦。

任何教育方法都沒有絕對的改變能力，發展的結果還是由當事人自己決定。所以如果有人覺得自己的人生是失敗的，不用怪罪他人，因為，最後的決定權其實是在自己手上。透過這種智慧，把教育的界線弄清楚，掌握教育的功能是什麼，才能讓教育達成其應有的目的。

在我的教學經驗裡，曾經遇見過一位家長，他對自己的孩子非常不滿，常常數落他，希望能夠改變他。但孩子完全不理會，彼此的關係非常糟糕。於是這位家長來學校求助，希望老師可以（依據他的期待）改變年輕人。

這個想法包含著對教育的過度期待，忽視個人自主性。好像老師說了什麼，學生就會照做。但實際上，不存在這種教育功效，或者頂多只會發生在幼兒園或是小學低年級，年紀越大，學生自主性越高。除非像是在軍中、監獄裡，可以透過嚴厲的規則或懲罰達到某種程度的行為管控，但一離開高壓的環境，這種教育就失效了。

當我們看見教育的限制，就不再以「改造他人」為教育的目標，而是先尊重、了解個人想法，一起探討其適當與不當之處，讓學生發現更好的方向，並且願意選擇它。

所以我當時跟那位家長建議：「先接受小孩的各種想法，不要一味批評，並且嘗試看見他的優點，先改善親子關係。有好的親子關係，才可能有改變力量。」

了解他人的界線

事實上，我們不僅不可能完全改變他人，甚至也不可能完全了解一個人。當我們嘗試解析一個人為何有某個特殊想法時，會發現背後的理性與非理性因素糾結成很複雜的結構。若要完全了解一個人，就必須解開他大部分的想法，但這幾乎是辦不到的事情。

對他人的了解，永遠只能旁敲側擊，以自己的想法為模子來解讀他人。所以，當他人的各種信念跟自己差異越大時，誤解的情況就越嚴重。有了這個認知，當我們想批評他人時，就必須記得，這個批評或多或少包含了某種程度的誤解。

二、善用有色眼鏡的智慧

人生的最大限制是無法避免死亡。對於死亡人人抱持恐懼，即使知道無法逃避，多數人下意識仍企圖逃離，彷彿只要能一直延後，就可以不用面對。因此，當有人突然得知自己罹患某種無法痊癒的病症而被迫面對時，反應大多是感到晴天霹靂。

但是，我們不是早就知道，這一天遲早會來臨的嗎？

運用蘇格拉底的無知之知的智慧，可以推知存在有讓我們不再恐懼死亡的知識。從休莫對自我的懷疑來看，一旦人們放下自我，便可以遠離恐懼。而依據康德「天生有色眼鏡（認知模子）」的啟發，我們可以發現，「死亡未必是件壞事。」

由於天生對死亡的恐懼感，讓我們以「可怕的」有色眼鏡來看待死亡，加上容易把可怕的事當作壞事，自然就會認為「死亡是一件可怕的壞事。」

但這個主張並沒有什麼依據，因為活著的人沒經歷過死亡，而過世的人也無法告訴我們死亡的真相。所以，在理性思考中可以發現，「死亡是一件壞事」的觀念來自於天生的有色眼鏡。至於這觀念是否是事實，我們完全無法知道。

換句話說，如果我們沒有發現這是一種有色眼鏡的作用，就容易把「死亡是一件壞事」視為理所當然，然後本能地抗拒它、排斥它，甚至非理性地意圖逃避它。但是，透過康德有色眼鏡的人生智慧，我們可以理解到，死亡之所以是一件壞事，並不是它本身就是壞事，而是我們用壞事的模子去看它，是我們自己把死亡扭曲成可怕的事情，但這並不見得就是真相。

人生成敗與苦樂的有色眼鏡

我們也傾向於追求財富、成就與幸福快樂，並且建立起衡量人生成功與否的有色眼鏡。在不知不覺中，將其視為理所當然。

如果追求不到，便覺得人生是失敗的。然而，從康德哲學來思考，便會發現這一樣是有色眼鏡的世界觀。在我們所不知道的真實世界裡，這些價值觀都不一定是對的。沒有財富又如何？沒有成就、生活不夠幸福，都不能代表人生真的失敗，而人生的終極解答是什麼？卻像了解真實世界一樣，超過了我們的認知極限。

透過有色眼鏡的智慧，可以看清各種價值觀的不穩定基礎，就容易掙脫束縛。雖然我們無法找到「正確的」人生，但可以改變方向去尋找最適合自己的人生。

有人認為人生是黑白的，也有人認為人生是彩色的，那人生究竟是黑白還是彩色？根據康德哲學的省思，人生的真相是理性的限制。由於我們無法跳脫此生，從更廣大的視角比較，也就根本不可能解答這個疑惑。但這很明顯是一種有色眼鏡。當我們戴上黑白的眼鏡，人生便是黑白的；反之，如果希望自己的人生是彩色的，最重要的就是要戴上彩色的眼鏡。人生究竟如何？端看我們如何去看它。

許多人習慣性地戴上黑白眼鏡，從悲觀的角度看世界，久而久之，培養出像是亞里斯多德所說的習慣養成的內在性質，但這種內在性質不是導向幸福，而是容易導向不幸。因此，學習換一種角度看世界，改變習慣，就有可能逆轉這種成因所造成的不幸福人生。

情緒，往往也很容易成為判斷事物好壞的有色眼鏡。讓人不愉快的事情，容易被判定為壞事。就像看見有錢人、有才華的人、有能力的人，可以做到一些自己無法做到、但又很期望的事情時，嫉妒感便油然而生。嫉妒是個令人不舒服的情緒，於是下意識傾向把這些引發嫉妒情緒的人當壞人，一旦我們看到這些人遭殃時，會感到愉快。因此，比起開破車酒駕撞傷人，那些開名車酒駕的肇事者更容易遭受大眾譴責。嚴厲譴責的當下，以為自己很有正義感，其實是很有嫉妒感。

當情人決定要分手，不想分手的一方情緒大受打擊，難以負荷，便容易把這件事當作是一件大壞事，而製造這件大壞事的對方，自然容易被視為惡魔。既然是惡魔，就應該被消滅，不是嗎？

這種由情緒引發的有色眼鏡，讓人產生錯誤的判斷。但如果我們可以藉由康德哲學的啟發，了解這些都是有色眼鏡帶來的認知效應，就不會這麼容易被情緒牽著走，因為，事實並不一定如此。

取下有色眼鏡，該如何走人生道路？

當我們取下這些天生的有色眼鏡，人生還有什麼肯定的東西嗎？如果沒有，該如何生活？沒有確定的方向時，通常會將尋找方向（人生意義）作為目標；如果仍然遍尋不著，便會感覺失落、虛無，就像蒲公英一般，漫無目的地漂浮在蒼茫的人生天地之間。

但是，這仍是個有色眼鏡的人生觀。如果可以時刻活在當下，體驗存在之美，又何需目標？人類需要目標的天性，何嘗不是一種有色眼鏡呢？我們一定要遵從它嗎？還是不妨將這種天性當作拼湊人生的一個元素，靈活運用，以拼出自己最理想的人生型態？

如果可以暫時取下全部的有色眼鏡，人心會不會感受到一種最大的自由？就像在康德哲學中，即使無法理解世界的真相，但在不確定中，還是可以運用可用的資訊，建立相對的確定性。在人生中，我們也可以在沒有確定基礎的前提下，找出較合理的解答。這屬於康德哲學帶來的第三種人生智慧。

三、尋找最佳解答的智慧

在我們無法掌握確定性的前提下，依然運用理性找出相對合理的解答與處事方式，這大概是沒有確定性的人生中，最重要的一項思考能力。

許多人活得缺乏自信，如果再閱讀笛卡兒與休莫的懷疑主張，更容易導致信心崩潰，甚至不願意繼續思考，只想聽從他人意見，以便找到具體方向。但是，要交托他人決定的當下務必知道，「他人的處境跟自己並無差異」，尤其當他人很有自信時，其思考情況可能反而更糟，因為他連自己的思考困境都看不見。

事實上，要挽回自信心並不困難，因為之所以缺乏自信，主因在於一直以來抱持一個錯誤信念：思考的目的就是要找出正確答案。由於人生中的大多數抉擇實際上都沒有標準答案，這是一項我們必須先知道的思考限制。在許多人生問題上，我們無法透過理性找到正確解答，反而應該把努力的方向放在最合理解答的思考上。當我們了解各種可能導致錯誤的推理，思考就能更謹慎，也更容易找出（可能仍有瑕疵的）最佳解答。

然而，尋找最佳解答的思考能力並不容易獲得，這幾乎可以說就是哲學的思考力，需要花一段時間、下一些功夫培養，才能逐漸收到功效。當思考能力變得越強，就越能找到更好的解答，並在生活中找到自己的安身立命之道。由於多數人並不知道這種「在不確定中尋找最佳解答」思考能力的存在，而誤以為已經具備足夠的思考力。這種無知之知的缺乏，大概算是一種很普遍卻很嚴重的問題。

先了解界線，掌握各種認知模子，並在能力範圍內找出最合理、最適當的解答。這是康德哲學所啟發的人生智慧。當我們將它應用在生活中，了解人生的界線，知道世上沒有完美的人生，也就不用期待與追求它，而是嘗試去接納。至於，究竟要接納什麼樣的人生？什麼是可以捨棄的，又有什麼是必須堅持的？這沒有標準答案，任何一種人生的好壞評價，端看你用什麼有色眼鏡去看它。

也就是說，我們的人生不是由他人或是命運所支配，也沒有一個確定正確的方向，而是由我們自己來定義、評價與品味。這可以算是康德哲學帶來的一種「人生觀的哥白尼式反轉」。讓人生的好壞與成敗的評價，由被動轉為主動，將人生主宰者的令牌從命運的手中取回，交還給我們的自由意志。

問與答

白取春彥：如冀老師所寫的，我們活著都是帶著有色的眼鏡。這個有色的眼鏡包含了，根據成見、既有的價值觀、習慣，以及感情做出的得失計算等。冀老師還寫到，「如果可以暫時取下全部的有色眼鏡，人心會不會感受到一種最大的自由？」但是這裡所提到的自由，不是幾乎等同於禪學從紀元前開始就一直傳述下來的「無分別」了嗎？

冀劍制：看到白取老師所提的這個問題，真的有種條條大路通羅馬的感覺。兩者確實非常類似，但也各有優勢以及不同的應用。從康德《純粹理性批判》裡（我所解讀的）有色眼鏡的角度思考，我們發現一切認知、習性、甚至感覺，都不一定是真相，而真相是不可知的。所以一切擾亂我們生活的東西都可以暫時先放下。

但這樣的態度並不是去否定它們，因為我們也不能説它們一定就是錯的，而是用一種新的態度去面對，這種新的態度就是「不執著」。當我們真的能夠做到不執著時，就能自由選擇，遊走在「分別」與「無分別」之間。

當然，這整個過程最艱難的部分，就是破除這些東西，也就很接近禪學長久以來強調的「無分別」的智慧。

然而，禪學並不是從相同的思考途徑走向這個終點，而是另一套修行的理論。從理解的角度來說，西方哲學屬於單純理性思考的途徑，對現代人來說比較容易上手，但可能屬於迂迴的路線。若從強調信仰的宗教角度來看，禪學會是個更直接了當的捷徑。

不過，這兩者之間還有一個很大的差異。禪學裡的「無分別」，主張自我並不真實存在，即所謂的「諸法無我」（在一切現象中，並沒有所謂的我）。但從這篇談到「有色眼鏡」的角度來看，雖然各種觀念並非是必然的真相，但基本上仍舊肯定自我的存在。

仔細想想，如果我們可以試著再更深入，把對自我的各種觀念、直覺，也都當成一種「有色眼鏡」，那麼這條思路也將會走向「無我」。而世界是否存在呢？康德主張物自身（物質真實的原貌）是存在的，只是我們無法認識它。沿著這條康德開出的路，當我們可以從「無法認識」進一步到「放下認知本身」，就更接近「諸法無我」的「無分別」觀念了。

第三章

創造自己的生存方式

7

跟著叔本華檢視「孤獨」

——自我選擇孤獨

第一位不是以抽象的哲學主題，而是以人生為主題展開思考的哲學家，就是叔本華。

但是，他不是在充分累積了人生經驗之後，才開始針對人生作思考論述。叔本華在二十二歲時就從大學的醫學系轉到哲學系，並決定「要花上一生的時間去思考人生」。

叔本華在三十歲時出版的《作為意志和表象的世界》（一八一九），以及之後陸續撰寫的數篇論文中，都針對人生提出了許多新觀點。儘管已是一百年前所寫的書籍，在現代人看來還是有不少令人耳目一新的想法。之所以會覺得耳目一新，最主要是因為我們的思考方式已在不知不覺中扭曲、僵化了。

一切都在變化中 vs. 線性幻想

叔本華曾說：「不斷變動正是世界的常態。」

這句話並不僅指發生了什麼世界性的戰爭或天災，而是我們的日常生活中經常發生的各種變動。這正是生命的正常狀態。

「變動，就是這個世界的基本形態。」

叔本華「一切都在變化中」的世界觀，會帶給我們不協調與不安感，還是能讓人鬆一口氣呢？如果會覺得不安，那是因為我們想追求一個安全、穩定的和平世界。然而，期望與現實是完全不一樣的。

當然，相較於身處在相互殺戮的戰爭狀態，和平的生活應該是最好的。但並不因為如此期望，這個世界就會變成一個安全的，且可以讓我們過著安心、平穩生活的地方。只是還是有不少人這麼認為，其中大多數人是被政客欺騙了吧。

因為，這些政客一直向大眾疾呼，自己可以創造出一個和平、安全、讓人安心生活的社會。但綜觀世界歷史，還真是從未出現過這麼一個理想的烏托邦國度。

大多數人都還未發現，政客其實是為了提升自己的地位以取得更多的利益，才羅織出這些謊言。同時大多數人也未發現，政客所提倡的社會，只不過是個幻想。

為什麼會沒有發現呢？因為我們也都深陷在各種幻想當中，包括隨著時代的演進，生活與環境也跟著進步的「線性幻想」＊。我們會想，現在的自己雖然還不夠活躍，但將來一定有讓自己大顯身手的機會；不過這卻是一種錯覺。

人生真的是一個持續不斷上升的過程嗎？其實不是。有時候會發生意料之外的事，也會遇到不幸或變故。並不是只要照本宣科地去做，就一定可以得到期待的結果。不管是哪個年齡層，都會遇到一些困難與障礙。在這層意義上可以說，人生正是一場孤獨的戰鬥。

「意志」驅動世界的變化

不過，為什麼叔本華認為，世界的一切都在變化中呢？「因為是『意志』在驅動這些變化。」這個「意志」也就是《作為意志和表象的世界》標題中的「意志」。

叔本華所謂的「意志」，與我們平時所認為的意志完全不同。它指的是存在於自然中所有的力量。因此，不僅暴風雨、雷電可以稱為「意志」，生物的生命力、衝動、本能、慾望等，也都是一種「意志」。

「意志」試圖一直存續下去，因此會不斷地變動，沒有停止的一天。「意志」

為了向外擴展，也會不停地變動。「意志」就像是一個充滿了能量卻不可見的怪物。我們的心中也存在著這種「意志」。從內心湧出的衝動、慾望，以及無論如何都想要活下去的念頭，都是來自於「意志」的力量。

有時候，我們會被心中一股強烈想要做某件事的念頭所驅使，若能實際付諸行動，會因此感到滿足與快樂，這正是我們依循「意志」的衝動去行動的結果。而在競爭中落敗時，我們會感到屈辱與痛苦，這是因為我們敗給了對手心中的「意志」。

亦即，每個人心中都有各自不同的「意志」，我的「意志」會與對方的「意志」相互競爭。有許多「意志」在竄動，各種「意志」也會產生交集，有時使對手屈服並吸收對方的「意志」，且藉由繁衍來增加執行「意志」的工具。「意志」讓世界

---

*現代人，特別是年輕人，常有線性思考的傾向。所謂線性思考，是指不管面對什麼事，只要依照一定的順序或步驟去做，就會有特定的進展或變化的想法。例如，依照理論進行思考，正是典型的線性思考。一般來說，我們是從學校教育學會線性思考的。並不是指學校直接教導學生去做線性思考，而是學校教育的內容是依照線性思考模式去設計的。因此，採用線性思考的學生多半可以得到高分；不僅如此，這樣的學生還會被認為是好學生。學歷社會正是由這些採用線性思考的人們所構築起來的社會形態。然而，習慣線性思考的人特別無法應對突發狀況，可以說缺乏臨機應變的能力，而且相當脆弱。當然，他們也不會任意妄為。

不斷地變動，造成世界的轉變。

但我們並不覺得自己被這種怪物似的意志所驅使。一般認為，人們會計算當下的得失，並且有充分的理由，去做出相對應的行為。但叔本華認為，人們其實是受到「意志」的衝動所驅使，只是為了要正當化自己的行為，才找出理由和動機。

舉例來說，有時可以看到很多人為了某政治理念採取行動，但並不是因為充分理解並且接受該理念的方向，而是因為政策方針看似可以滿足大多數人的慾望和利益。也就是說，若事物能夠順應「意志」去發展，人們就會對此有所反應。

如何脫離「意志」的掌控？

若不順應「意志」去行動，會讓人感到痛苦；但若順應「意志」去行動，也還是會讓人感到痛苦。因為一旦順應了「意志」，接下來「意志」就會接二連三地驅使人們去行動。只要活著，就無法逃離「意志」的衝動。

這麼一來，是不是只有自殺才能逃離「意志」呢？對此，叔本華提出了以下說明。

7 跟著叔本華檢視「孤獨」
——自我選擇孤獨

「自殺看似是一種完全否定『意志』衝動的積極行為。然而，自殺其實也不過是依循『意志』去殺了自己而已。亦即，讓人類中較為虛弱的個體以自殺的形式及早死亡，也是受到讓人類整體更加繁盛擴張的『意志』所驅動。」

那麼，是否有方法可以逃離讓人感到痛苦的「意志」，且是每個人做得到的？叔本華認為，那個方法就是「改變認知」。只要改變認知，就能不再以過去依循「意志」的方式去看事物、看世界。

舉例來說，若依循「意志」的視線，人們會將年輕而健康的異性看作性的對象；接著會被無論如何都想要得到對方的衝動所驅使。若無法如願，內心就陷入痛苦的掙扎。這種視線將世界上的事物看作慾望的對象，並依此來做價值判斷，就是「意志」的視線。

我們所身處的社會，也是依循「意志」的視線運作，例如製造和宣傳商品時，運用的便是能引發人們心中「意志」慾望的手段。

而能夠引發意志慾望的，正是年輕、美麗、可愛、強大、性感、豐滿、均衡等要素。經濟活動反映出人們所追求的這些要素。

不再以「意志」的視線看待事物，也會完全改變我們對自己的認知。不以「意志」

的視線出發，具體來說，也就是我們不再做價值判斷和計算，而是以純粹（不混雜任何慾望、企圖）的眼光去看待周遭事物。

若我們處於被「意志」支配的狀態，在肚子餓的時候看到食物，就會反射性地產生很美味、好想吃的念頭。這就是「意志」所驅使的衝動。若我們能在看到食物時，只將其當作某種物質的話，就表示我們可以從「意志」中解放出來。

這麼一來，我們不僅不會受到衝動的驅使，不管面對什麼，內心都不會動搖，而是心平氣和。能夠做到這一點的人，有時被稱為悟道之人、聖人，或者也被稱為天才。他們雖然看著眼前的事物，關注的卻是永恆的未來。這樣的人就好像已經居住在天國了。

孤獨是最佳解藥

叔本華做了上述說明，但他真正思考的問題是：驅使人們去行動、帶給人們苦痛的本能與衝動，究竟是從何而來？叔本華設定了「意志」這個力量，並從中找到原因。

我們可以說，叔本華的理論猶如一個虛構的故事，但能夠說出如此慧黠的虛構故事，叔本華無異是個天才。不能因為我們認為叔本華說的是一個虛構故事，就把《作為意志和表象的世界》視為一部充滿空想理論的著作。

叔本華這本著作和其他短篇論文，都是他思考人生問題的智慧結晶。其中有部分透露了宗教的某些祕密，也有很多針對如何度過有意義的人生的建言，不算是做人處事的方法，而是真正能讓人平安度過一生的想法。其中特別有益的，就是「孤獨」（die Einsamkeit）。

在日文中，孤獨有強烈的負面意義，指不被人所愛，也不跟人交流，總是孤零零、一個人的狀態，翻譯成英文就是 loneliness。不過，英文中有另一個單字 solitude，也有孤獨的意思。叔本華提出的孤獨，其實是 solitude。

首先，要遠離世界上的喧囂，以自身的意願，背對這個世界。也就是說，從氾濫於世界上的無聊價值觀與鬥爭中解放出來。同時，也就可以從「意志」的掌控中脫身。

接下來，由於 solitude 指孤身一人，也表示不會跟其他人成群結黨。因為只要跟其他人聚在一起，就不得不去配合別人的價值觀，所以我們必須積極脫離與他人群集的狀態。如此就可以脫離繁瑣的人際往來與人情壓力，得到自由。猶如 enjoy solitude 所表達的，可以享受悠閒自得的孤獨生活。

若我們無法決定成為孤獨的人，終究也只是他人意見與思想的奴隸，就這樣地過著日子。我們必須仔細思考，這種生活正是受到「意志」的操弄，才會讓我們感受到這麼多的痛苦與煩惱。

若想要避開這些痛苦與煩惱，就必須盡量遠離過著庸俗生活的世人，盡可能獨處；也就是說，要過著孤獨的生活。

孤獨的生活其實一點都不寂寞，反倒可以過得很愉快、自由且豐富。為什麼這麼說呢？因為「如果自己本身具備的知識與能力越強大，就越不需要向外求，也不需要依賴他人」。而且，「**當進入孤獨的狀態，真正的自我才會顯現出來**」。

不過，有不少人並不喜歡孤獨。他們喜歡尋求外在的刺激，獨處就會覺得無趣。如果自己的內在空空如也，就會受不了孤單一個人。從另一面來看，對獨處感到自在愉快的人，孤獨一人才是他們創造力最高、也是最幸福的時刻。「幸福就在自己的心中，不假外求」。

冀劍制：當人們遠離人群，許多人會覺得很寂寞（loneliness），並且感到害怕，是否有什麼好方法可以培養出享受孤獨（solitude）的能力？

白取春彥：基本上，首先要充實自己的內在。只要平時就對各種事物抱持好奇、疑問與關心，會發現光是了解這些問題就幾乎沒有剩餘時間了；也就是說，根本不會有空閒感到無聊或孤單。

另一方面，所謂的孤獨並非指渡過的時間、周遭的氛圍都很清閒，而是自然會感受到孤獨的狀態其實是非常充實且奢侈的。舉個典型的例子來說，現實中能夠充分運用孤獨的狀態，並有效生產或創造的人，就是作家與研究者了。

這些人能夠在孤獨狀態中發揮創造力，而進入這種狀態的最低限度要求，就是寂靜，以及減少外來干擾。

還有一個最重要的條件：保持心情的平靜（亦即，不會受到感情、罪惡感等各種雜念的干擾）。在進入只聚焦於所關注對象的狀態中，才能產生洞察力，並有新的發現。

8

跟著彌爾檢視「自由」

——我只是自由地活著

「我們是生而自由的。完全的自由。」

「那是沒有限制的自由嗎？」

「沒錯，只要我喜歡有什麼不可以。做自己喜歡做的事情沒有什麼不對。」

「那我可以去打，或是殺掉我不喜歡的人嗎？」

「那樣就是犯罪了吧？」

「可你不是說我可以做任何自己喜歡做的事情嗎？」

「是這樣沒錯，但還是不可以做會危害他人的事情。」

「說的也是。果然沒有所謂的危害他人也沒問題的自由。基本上這麼做就已經違反法律了吧？那麼，只要不是違反法律的行為，就算自由了嗎？」

「基本上只要遵守法律規定，就不會被逮捕，也不會被限制行動，所以在法律規定範圍內的行動，可以說是自由的。」

「所以是法律來規定自由的範圍嗎？」

「社會生活中自由的範圍應該是由法律決定的，但其他還有社會習慣等……」

「法律是由誰制定的？」

「是立法院經過一定程序制定的。」

「也是。這麼一來，決定我們的自由範圍的，就是立法委員了？」

「嗯……等等，讓別人來決定我們的自由，是不是很奇怪？不過，這裡的自由指的是法律規定範圍的自由。」

「那我們生而具有的自由是什麼呢？」

「生而具有的自由……有這種東西嗎？」

「如果我們沒有生而具有的自由，如果也沒有立法委員替大家制定法律的話，是不是就表示我們並不擁有自由呢？」

支配與自由的變遷

想必很多人在年輕的時候，曾經跟朋友有過類似上述的對話吧？之所以不跟朋友聊聊日常生活話題，而是針對自由做各種討論，大概是因為當時心中其實感受到某種束縛吧。那麼，當我們脫離父母或監護人的保護，進入社會成為一個獨立的人時，是否是第一次感受到自由的時刻？

大概在經濟方面可以感受到某種自由，但生活上就不一定了。出了社會之後，才會感受到身為一個社會人士的不自由也說不定。

還是說，只要認為自己所生活的社會是所謂的自由主義社會，每個人的自由應該都受到基本保障，因此我們就是生活在一個自由的環境中？但真的是這樣嗎？

話說回來，自由究竟是什麼呢？

哲學家約翰・斯圖亞特　彌爾（John Stuart Mill，一八〇六至一八七三）出生於工業革命正興盛的十九世紀英國，其著作《論自由》（*On Liberty*，一八五九）即簡單描述了自古以來的政治型態及與自由的關係等議題。

跟據這本著作所言，過去的統治者多半是以暴力執政的支配者，有時是具有強大權力的一個人，或是一個種族、一個階級，並依靠征服、血緣、世襲等方式來支撐其統治的基礎。換句話說，支配者的權威並非來自於被支配者的意志，此時被支配者的自由並沒有受到重視。

之後，人們開始限制支配者在社會中所行使的權力。第一個具體的行動就是，制定憲法來限制支配者的權力；而被支配者這一方所能行使自由的其中一項，就是對支配者加諸限制。同時，支配者與一般人也成形成了敵對關係。

隨著時代的演進，為了不讓權力遭到濫用而使被支配者陷入不利的境地，人們開始認為，執政者應該是被支配者所委託的對象，也就是代表。因此，出現了透過選舉選出支配者的制度，而支配者所獲得的權力與地位是有固定期限的。

如上的政治體制成形，政府的權力成為公民自身權力集中化的表現，也是一個便於執政的制度。這就是被稱為民主的政治權力結構的起源。

由多數行使的專制

社會制度轉變為可舉行選舉的民主自治社會後，被支配者們是否就堂堂正正地取得自由了？彌爾完全不這麼認為。這是因為，他認為這樣的社會制度成為「由多數行使的專制」。

也就是說，行使權力的民眾，與被行使權力的民眾，是完全不同的兩個族群。雖然說是自治，但治人者與被治者卻是過著相互隔離的生活。

另外，因為是民主自治體制，應該要能夠反映每個人的意志；事實上並非如此。能夠在社會中執行自己意志的人，多半屬於社會中表現得最活躍的一群，亦即他們屬於壓倒性的多數，或是能夠被多數人認同的，才能在社會政治中反映出自己的意志。

不僅如此，這些多數人會藉由擴大自己的意見與思想，來壓迫其餘少數人的意見。這就是所謂的「由多數行使的專制」。

由多數行使的專制，就是社會的專制。這並不僅表示，法律和制度是為了多數人而制定的；以多數人的意志為基準的社會，甚至會試圖干涉不該由社會介入的事物，特別是少數人的思想與生活方式，並對他們施加沉默但強大的壓力。

彌爾認為，社會所行使的干涉，「是比刑罰還要深入每個人生活的細節，甚至試圖讓人的靈魂也服從其規則，令人無所遁逃」。

這種過度干涉與固執地試圖讓人們同一化的現象，也不是多麼稀奇的事情；這就是所謂多數人的思想、價值觀和輿論、常見的感受與情緒、普遍的習慣、風俗、宗教慣例等。

不遵守這些規則的人會被另眼看待，讓他們無法過自己想要的生活。若想要過著沒有衝突與阻礙的生活，就得遵循社會普遍的規則。若做了超出社會所容許範圍的特殊行為，可是會被認為等同於犯罪的。

在多數專制的制度中，通常會把當今社會現狀當作範例。越接近這個社會榜樣

8 跟著彌爾檢視「自由」
——我只是自由地活著

的人，越會被認為是一個好市民。這樣的價值判斷強烈浸透每個人的生活，可以說是一種相當強大的暴力。

然而，多數人並非出於惡意才試圖推動這種社會性迫害。反而是因為，對多數人來說，這些社會習慣、常識與規則，都是不證自明的正確觀點。

當然，會認為這些都是不證自明的正確觀點，不過是沒有任何根據的錯覺而已。所謂正確的觀點，其實只是一些習慣與迷信，而隱藏在深處的則是偏見、感情、羨慕、嫉妒、利害關係、優越感、僅屬於自己族群的傳統、傲慢與輕蔑；總的來說，就是這些多數人的利己之心。

多數人認為這種利己之心是正常的理性，並以此為基礎，建立社會倫理。法律也是依這些多數人為中心的輿論而制定的，法律之所以會有偏頗，因為基於多數人的喜好與憎惡。事實上，輿論可是比法律還要強大。

受到束縛的價值觀與人生觀

由多數人的宗教所衍生出來的倫理觀與世界觀，在輿論中占據重要的地位。將這些倫理觀當作準則的多數人皆認為，什麼是被容許的生活方式，而什麼又是不被容許的，社會上有著牢不可破的規則。

但這些也不是法律規定，而是以所謂的傳統生活與宗教價值作為不明文規定的準則，進而滲透入每個人的生活當中。在彌爾生活年代的歐洲，則多與基督教教會神學密切相關。

基督教神學認為基督教才是真理，因為聖經中記載著人生各種事物的價值與意義，以及何者為善、何者為惡；教會認為這就是神的命令。因為是神的話語，所以當然是絕對的真理。

不管是名義上還是形式上，只要是個基督徒，就得遵從神學的道德觀，過著正當的生活。當然，人們都是透過教會的教誨與傳統才得知這些道德觀的（在那個時代，大多數人還不識字）。而這些道德觀與一般社會習慣混合在一起，成為庶民實際上所遵行的道德觀。

教會所推行的倫理觀具體干涉了個人的私生活。例如，教會的倫理觀甚至對性生活都有規定：夫妻只能在週二和週三做愛，因為這兩天剛好都不是宗教的節日。做愛時，一定得要採用女性仰躺，男性覆蓋在女性身上的「正常體位」。而所謂的後背體位和站立體位是野獸或惡魔的喜好，因此是受詛咒的體位，若採取這樣的體位，會生出畸形或有肢體障礙的小孩，也會罹患痲瘋病（《體位的文化史》〔*Super Positions*〕，Anna Alter, Perrine Cherchève）。從正常體位的英文missionary position（傳教士體位），就可以了解這跟宗教有關係了。

醫生們也受到教會神學所衍生的偽倫理的影響，他們會告訴患者，每一次做愛的時間越短越好，一個月做愛一次就好，而超過六十歲以上的人應該要禁慾。

猶太教也有這種類似以宗教權威干涉人們性生活的狀況，以記載猶太教律法及其解說的《塔木德》為根據，認為夫妻必須在宗教假日（安息日）的隔天做愛；另外也依階級分類，勞動者每週二次，上流階級則是每晚都可以做。

承襲喀爾文教派的清教徒教會則是告訴信徒們，「非義務的所有行為都是一種罪惡」，而信徒的義務就是遵循各種各樣被視為神的命令的詳細生活倫理，例如，受到神的恩寵的人就是富足的人，這種帶有命定論且具有貧富差異的思想就滲透入人們的生活，也束縛了庶民生活中的價值觀與人生觀。

實際上，這些所謂權威的觀點，成為了世界上多數人價值判斷的基準。而整體來說，這些人的價值判斷就是在其所屬宗教的信條、教誨，以及所屬階級的世俗生活利害關係間，所取得的一個平衡。

有些人則是請求權威者下達指示，並毫無疑問地遵循著，因為他們認為，「大家都是這樣生活的，也沒有什麼問題」。

希望可以跟大眾一樣過著普通生活的人通常很難察覺到，權威的道德觀與價值觀是一種為了達到更強力的支配，而在隱密中加諸眾人的限制；這些價值觀有一天也會融入自古以來即在這個領域扎根的習慣。

這麼一來，人們的思考與行動就會變得更加一致，也就更容易以多數權力來執行支配與操縱，更能輕易主張其行為的正當性了。不僅是暴政與獨裁的國家如此，標榜自由的現代民主主義國家也是如此。

將權力符合自身利益而制定的法律，以及依循這些法律的生活模式，總有一天會成為大眾的習慣、生活方式與倫理常識、「社會生活規則」，並在不知不覺間強力地限制了我們的自由。

因此彌爾說，即使不是獨裁或暴政，民主政治也是堂而皇之地實行多數暴政的一種體制。

效益主義與個人主義

一般來說，彌爾是被稱為「效益主義」的哲學家。

多少也對彌爾產生一些影響的哲學家邊沁（Jeremy Bentham，一七四八至一八三二）就是一個效益主義者。邊沁以「最多數人的最大幸福」此一主張為人所知，而彌爾的名言是「與其當一個滿足的愚者，不如當一個不滿足的蘇格拉底」。

然而，究竟「效益主義」是什麼呢？

有時候會在對話中出現「那個人是功利主義者」這樣的評論，通常意指「這個人很狡獪」，或者是只考量自身利益的自我中心主義者。

「效益主義」是翻譯自英文的 utilitarianism。不過，這個字以前常翻譯成功利主義，在日文中也可以譯為實利主義或公益主義。

而這裡的「利」跟「益」，其實不一定跟金錢上的利益有關。應該說，utility 所指的範圍極廣，包括個人為了社會全體的利益或全體福祉而有的行為。

仔細閱讀彌爾的《論自由》，就會了解以上的說明。在這本書中，彌爾一再地強調，「唯有為了社會全體的幸福所發揮的個人特性與能力，才是有用的」。因此，若我們以彌爾主張的重點來為其思想命名，會認為彌爾的哲學是更傾向於重視個人主義的哲學。

要注意的是，這裡的個人並非一般可以指稱任何人的個人。彌爾《論自由》中的個人，指的是成熟、自立的個人，具有自律性與主體性，也就是「擁有主權的個體」（individuality with sovereign）。

Sovereign 有主體性、統治的意思，另外也指君王、國王、主權。當我們聽到主權這個詞，通常會聯想到政治用語。因為大多是透過大眾媒體，而且當作政治用語使用。

然而，彌爾所說的主權並非只有政治方面的意思。他使用主權一詞時，大多是指我們每個人所擁有的思想、倫理、行動的主權。

「擁有主權的個體」，表示這樣的個人不跟隨社會潮流，能充分發展自己的人格；也就是說，這樣的人擁有自己的思想與生活方式，而且能徹底實行。

那麼，我們個人的主權究竟是什麼呢？就是指，盡量活出自由的自我。可以說，依循社會習慣與傳統宗教的要求去行動的人，說不上是能活出自我的人；配合別人的行動、跟隨社會潮流的人，也同樣是無法活出自我的人。

而不受到任何人的干涉，不接受任何人的指示，也不被任何人束縛而行動的人，才是真正能活出自我的人。這樣的人不會遭到壓抑，而能隨心所欲地發揮自己的特性與能力。

因此，彌爾與其說是效益主義的哲學家，不如說是提倡具有主體性的獨立個人主義的哲學家。

而《論自由》中所論述的個人，是「可以發揮各自的特性，結果能夠為全體社會做出貢獻」。若非如此，每個人都會成為平庸的人，社會也不會進步了。

彌爾並主張，「只要這些個人的思想與行為並未危害他人，國家就應該要尊重他們的特性」。這也是他對實際上擁有權力的社會所提出的強烈要求。

每個人都能過著自由且幸福的生活

我們已經明白，彌爾並不認為人總是要依循著社會的規定而行動。人雖是社會這個群體的一員，但也必須是統治自己的君王。彌爾這麼說：

「人的行為中一定有必須遵循社會規則，並與其他人產生關連的部分。但跟自己相關的行為中，**每個人都是絕對的獨立個體，也是自己的身體、精神、思想等主權的擁有者。**」

當我們能做到上述的行為時，就能得到自由。

即使是在標榜自由的社會中，若沒有無條件地尊重思想自由、興趣自由、職業自由，在這個社會中就沒有自由。

而人必須有去追求屬於自己幸福的自由；這也是每個人可以選擇興趣與生活方式的自由。即使是某種穩定的個人生活方式，但只要是來自社會所強加要求的，就不算是自由。對彌爾來說，在某些宗教道德情感強烈的地區，或是公然以嚴厲的宗教道德支配當地人們生活的地區，都不算是自由的社會。

彌爾很露骨地厭惡由宗教，特別是基督教所衍生的倫理道德；這是因為如前述，在他看來，基督教倫理是剝奪人們自由的幫兇。彌爾是這麼形容基督教的：

「這個道德觀所禁止的行為也太多了一點。」

「禁慾主義被偶像化了。」

「若我們只遵循基督教道德觀，生活應該比現在還要糟很多吧。那些基督教道德觀所不認可的思想與感情才是真的對歐洲人的生活有貢獻的事物。」

「基督教道德觀只強調服從的義務，結果也只是在告訴大家要服從既有的權威與權力。」

「想要從基督教教義中找到完全的規範，根本就是不可能的事情。」

「聖經中有很多道德觀是不能依照文字表面意思去解釋說明的。」

「聖保羅所解說的基督教道德觀甚至還承認奴隸制度。」

「至今為止很多非常高貴且具有價值的道德教誨，都是由不知道基督教的人，或是拒絕基督教的人所提出的。」

而彌爾也認為，應該要建立基督教倫理觀以外，更為高尚且更具普遍性的倫理觀。

為了眾人的自由與幸福，彌爾提出以下主張：

●多元化並非惡，而是一種善。與其讓眾人都提出相同的意見，不如集結各種各樣的意見，會比較有利。即使是反對的意見，其中一定隱藏著某些重要的正確性。

●既然多元化是善，我們就應該要容許自由且多元的生活方式。即使那個生活方式多麼奇特，也不該去批判，只要不對他人造成影響，就應該讓大家各自去過富有特性的生活。

●唯有讓每個人各自發揮自己的特性，才能讓大家都獲得幸福。不滿足於屈就現狀的生活，而是追求自己想要的生活，才能獲得幸福。這一點也與是否能發揮自己的能力有關係。

●去做選擇。不可以漫不經心地只是模仿他人而已。遇到事情就應該要自己去思考並做出選擇。唯有透過思考並做出選擇，才能發揮自己的能力。

●不要害怕去做別人從沒做過的事情。做別人沒做過的事情，不僅可以產生新的喜悅，也能得到自由，還能為這個社會帶來一股新的風氣。

培育名為人類的樹木

總結來說，彌爾相信，人可以改變並重獲新生。

其關鍵就在於，給予每個人生活方式的選擇自由。每個人都應選擇自己想要的生活方式，社會也必須承認個人自由，不加以干涉。

若從外部干涉或阻礙個人的自由，以結果來說，會妨礙社會整體的進步與幸福發展。只要借鏡過去的經驗就可以了解，超脫社會常規慣例並過著自由生活的人，能對社會整體有所貢獻，社會不應把這些人當作特異人士而加以排除。

慣於服從宗教嚴苛倫理觀的人，有時會有壓抑自己情感與願望的傾向，但彌爾認為，個人情感與願望就如同信念與自制心，都是讓人成為一個完整的人的必要元素。並且他認為，雖然情感與情緒有誘發惡的危險性，但也是有可能達到善的目的。

亦即，彌爾是相信人類的。他如此說明自己對人類的觀點：

「人類並不是機器，而是如同一棵樹般的存在。遵循著富含生命力的內在力量，向四面八方伸展枝葉，追求自身的成長。」

自由就是去培育名為人類的樹木。

冀劍制：對一個大學老師來說，學生已經成年，應該尊重他們（不影響他人）的生活方式。所以，是否也應該尊重學生不認真讀書的選擇？還是老師也有積極改變他們的自由？

白取春彥：彌爾認為，每個人都像是各自成長的樹木一般，因此老師能夠做的事情，頂多就是為了讓樹木能夠好好成長，而替樹木澆水灌溉。

這雖然不算是直接給予學生助力，但至少也是一種「解放」，而非去強制學生。而澆水的方式，就是老師所能擁有的最大的自由了。

9

跟著尼采檢視「道德」

——自己決定自己的道德

活在現今這個時代的人們，不管男女老幼，多少都會感受到一種壓迫感；或者說，感受到一種被什麼壓制住的感覺。

其實不是現在的人才會有這種感覺。以前的人也會在其所生存的年代感受到一股壓迫感。

除了國界、身分地位、階級、強制性的施政等實質性的壓迫以外，還有如以宗教為基礎的倫理思想、傳統、風俗習慣、與地緣及血緣相關的人際關係等精神性的壓迫。

現代社會雖高度崇尚自由與民主，但並不表示這些壓迫就會因此完全消失。再者，如學歷、經歷，以及現代社會中看不到的道德倫理等壓迫的來源，相較以前被分化得更細微，帶來的壓力也更大。因此，大多數人還是會在生活中感受到喘不過氣般的痛苦。

真正的快樂 vs. 虛假的快樂

由於人們在一般的生活、工作中感受到苦悶情緒，因此會想辦法掃除這種憂鬱的感受。通常人們會尋求享樂，但是享樂並不是真正的快樂，只不過是讓人以為自己能暫時從現實中逃脫的虛假的快樂。

為什麼說享樂是虛假的快樂呢？因為享樂是任何人只要花錢就能得到的事情。熟知這種心理需求的商人，就會預設價格與地點，並限制可以享受的時間。像迪士尼這類主題樂園就是享樂的典型。

那麼，究竟什麼是真正的快樂？

真正的快樂，正好是享樂的相反。請仔細看看「享樂」這兩個字，即為「享受快樂」。也就是說，這種快樂是從外部而來的感受，並非由自己主動去尋找，是比較消極的快樂。

跟享樂相反的真正的快樂，是一種積極的快樂。為什麼是積極的快樂呢？因為那是唯有運用自己的能力積極去尋求，才能感受到的快樂。

以最常見的例子來看，讀書就是一種真正的快樂。閱讀文字，理解內容，並去想像，是具有某種程度能力的人才會有的積極行為，也是人充分運用自己所具備的能力才能做到的事。因此，做菜和運動（不是看運動比賽，而是親自去運動）不是享樂，而可以說是真正的快樂。

但是，不管是享樂還是真正的快樂，只要動機是出於想要掃除強烈壓迫感所帶來的憂鬱，也都只能說是暫時的逃避現實而已。

即使能逃避現實，現實所帶來的壓迫也不會消失。只要經過一段時間，快樂就會消失，又不得不回到現實生活中，繼續過著感受到強烈壓迫感的生活了。

我們應該過最危險的人生？

因此大多數人會覺得自己並非真正的自由；不管在哪裡生活，都會感受到各種束縛。

二十世紀的法國哲學家米歇爾・傅柯（Michel Foucault，一九二六至一九八四）也是這麼認為的，他調查了人們是如何生活在遭受支配與壓迫的環境中。

他的結論是，讓人們在生活中感到苦悶的，正是規訓權力（掌管人類生活各面向的權力，簡稱生命權力）。

規訓權力指制定各式各樣的規範，讓人們只能在某種規定的框架內生活及行動的權力。當然，擁有這個權力的就是當代的當權者及政府。對這些當權者來說，這正是統治現代社會的力量與方法。

簡單而言，權力體制並非僅止於社會規範而已，甚至滲透至人們的精神生活，去管理、掌控每個人的生活與思考方式。

具體的例子是，當權者會仔細檢視教科書的內容，並限定只能出現對自己有利的知識和結構。甚至透過制訂細微的新法律制度，以迂迴的形式建制倫理與常識的基底，在整體上支配所有人民的價值觀、思考及行為方式。

這些東西慢慢變成社會風氣，四處蔓延，不知不覺間，就成為所謂的一般常識了。這正是一種權力的滲透，是能夠支配我們的生命權力所產生的效果。

傅柯之所以能以敏銳的視角發掘出統治歷史的另一面，正是因為他是個尼采哲學的研究者。

尼采哲學研究者（Nietzschean）通常指傾心於尼采哲學的人，傅柯受到弗里德里希・尼采（一八四四至一九〇〇）的強烈影響，而尼采正是第一個懷疑潛藏於社會中的價值觀的人。

尼采如詩一般寫作風格的著作《查拉圖斯特拉如是說》，其中極具衝擊的名句

「上帝已死」，已為世人所熟知。綜觀他一生的發展，會了解尼采想說的其實只有一句話，那就是：「**每個人要創造屬於自己的價值。**」

為什麼尼采會這麼說呢？

在我們出生以前，各種事物的價值是不是就已經被決定了呢？例如，有錢人比窮人優秀？

如果你真是這麼認為的話，那麼接下來也只能過著百無聊賴的人生。也就是說，如果認為所有事物的價值都已經被事先決定了，自己的人生也不過是盡量去配合這個價值而已。

實際上，確實有不少人就是過著這種生活。他們盡力考上好學校，進入好公司，過著比一般人好的生活，也感受到更多的幸福。他們多半認為這就是應有的生活方式，也是人們所稱羨的。

但是，尼采卻極為唾棄這種生活方式。他極力主張，人們應該過著「最危險的人生，最能展現自己個性的人生，最能讓自己活力十足的人生」。

為什麼尼采要主張，人們應該活出旁人看來覺得最危險、最自我中心的人生呢？尼采是那種不負責任地煽動他人的人嗎？也因此，有不少人認為尼采的思想具有危險性。

不過，這種看法是錯誤的。尼采真正想說的是，他希望人們可以各自活出屬於自己的人生，並常常發現新的自己。尼采究竟是怎麼想的呢？

《反基督》在批判什麼？

當時，尼采正在寫《反基督》（一八九五）這本書，旨在批判基督教。

在大多數人都是基督徒的歐洲，這本書的標題非常挑釁，讓人聯想到惡魔。大多數人覺得這本書在挑戰自己所信奉的傳統與倫理。最終尼采觸怒了許多人，導致他被貼上無神論者的標籤。但眾人之所以會這麼想，其實都只是從標題去推測內容而已。

實際上，尼采並不是在批判基督徒，也不是要否定耶穌的言行舉止。相反地，尼采其實比任何人都還要同情耶穌。

尼采批判的是，「神學學者與神職人員以新約聖經為藉口，隨意創造出倫理道德觀，並主張這種倫理道德觀才是真理」。也就是說，他所批判的是基督教的神學，以及由神學衍生出的倫理道德觀。

透過基督教會的布道，這種倫理道德觀滲入人心，同時也成為基督教徒和基督教世界的常識。然而，這種倫理道德觀卻束縛並壓抑了人與生俱來的自由與充滿活力的天性。

怎麼說呢？基督教的倫理道德觀認為，強者必為惡，並且也把每一個健康的人都擁有的動物性與活力視為不好的東西。

舉例來說，基督教的倫理道德觀認為，人不應該依本能慾望去追求自由戀愛，已婚男女也不該享受性的快感。夫妻之間的性愛是為了延續子嗣，因此被視為必要之惡，但最推崇的還是一生守貞。

尼采說：「對人的生命最為有害的，就是稱這種倫理道德觀為『真理』。」（《反基督．第九章》）他批評，「所有從基督教神學衍生出的倫理道德觀皆是反人類且反自然的。」

探討人類生命的哲學

尼采並非因為本身對基督教有什麼私怨或創傷，才會以這麼強烈的語言抨擊，而是因為他認為，若人們遵循基督教的倫理道德觀，會造成人的弱化，這是一件很不好的事情。

尼采說：「阻礙我們生存所需之物的一切，都是在損害我們的生命。」

而「我們生存所需之物」，指的就是本能。人類有想在戰鬥中取勝，不想在生存競爭中落敗的本能。但若是我們依循基督教的倫理道德觀去生活，就不得不壓抑和否定這個本能。

我只能說，尼采的看法是健全且正確的。尼采不僅去思考倫理道德觀的有效性，他認為，不管是哪一種倫理道德觀，我們都必須判斷，它是否真的適用於人們身上，是否真的對我們的生活有所貢獻。

尼采站在這個立基點上做判斷，他認為，基督教的倫理道德觀實在是過於空泛，完全無法落實。

因為，這個倫理道德觀將大多數人類生存所需的本能與慾望視為罪惡，並期待神的恩寵降臨，只侍奉神靈；與其關注現狀，不如說是以進入天國為目標。這麼一來，就變成不重視需要食物、救助、補助與金錢才能生存下去的現實生活。

再者，不管是什麼樣的概念，只要無法直接對我們的生命產生貢獻，就是一種空虛的概念。因此，尼采也認為康德所提倡的善是無效的概念。

因為，康德所提倡的善，是沒有人格的善，是一種純粹概念上的善。人類是無法僅依靠概念就生存下去的。並不是人類要去迎合概念，而是概念要去迎合人類才對。我們必須以人類的現實生活為中心，去尋找與其相符的倫理道德觀，若非如此，那也只是阻礙人類生存的事物而已。

因此，我們必須先以現實中人類生活為中心，去思考各種事物，並判斷是否對生命是有益的。這就是尼采獨樹一格的立場。

因此，尼采的哲學也被稱為「生命哲學」。和蘇格拉底及康德在純粹概念上探討的哲學不同，尼采的「生命哲學」意味著為了人類的生命而探討的哲學。

那麼，我們可以從尼采的思想中學到什麼呢？

其中一個重點就在《反基督．第十一章》中，雖然僅有一行但極其清晰的文字，「**每個人需由自己去發掘善，以及屬於個人的倫理道德觀。**」這就是一條逃脫之路。

我們要逃脫什麼呢？要逃脫現在的自己，逃脫每日生活的苦悶，逃脫生活中的壓迫感。整體來說，也就是逃脫尼采哲學研究者傅柯所說的規訓權力。

追隨主流價值的空虛生活

在現代社會中，若只是漫不經心、逆來順受地生活著，我們就免不了會受到規訓權力的支配。

然而，一般人都不會察覺自己正受到支配。他們會認為，「雖說是受到支配，那也不過是政治和行政的面向而已，自己本身並沒有受到這股權力的侵擾，身為一個人，我還是自由的。」

就算我們這麼想，但要完全不受到社會風氣的影響，是不可能的事情。這就是所謂的支配與管理。我們只能依照被支配、管理的方式去思考。

即使是還未完全社會化的小孩子，權力也會透過雙親去支配、管理他們。這並不是由雙親主動去養成的，而是權力透過雙親的言行舉止與生活型態，支配了小孩子。

當代的權力結構創造了這個社會。這個權力結構制訂法律與制度，決定違法與合法的範圍，並將此價值觀當作人民道德觀的基礎，擴散成為社會的常識，創造出通行社會與時代的風氣。

我們在學校所學到的，是由權力結構所細密組織並提供的知識與教材。畢業之後進入公司工作，也是在權力支配與管理的羅網之下活動。

在我們個人的生活中，也可以透過電視新聞等大眾媒體察覺權力的痕跡，其中潛藏著某種特定的倫理觀，讓我們只能在權力所決定的思考框架與價值觀中生存。

在尼采生活的十九世紀，規訓權力來自於基督教所衍生的倫理道德觀，而現代社會的主流價值，則是以特定方式追求利潤的資本主義經濟。擁有這個價值觀的世界認為是善的成功，經過激烈競爭後勝出，竭盡所能地賺更多錢。數字代表一切，而無法數值化的面向，例如藝術、人格、愛、個性等，都不過是弱者的裝飾品。

若真是如此，那我們只要盡量去適應這個充滿殺伐之氣、競爭激烈的世界就可以了，不是嗎？既然是在戰場上，也只能武裝自己去戰鬥，若不能斬殺接二連三出現的敵人，下一個倒下落敗的人就是自己了。

但是，即使戰勝了，剩下的也只是空虛感而已。就跟玩遊戲時終於打倒最後的大魔王一樣，往往只感受到無限的空虛。為什麼會這樣呢？

一直在某公司工作到退休，然後離開職場的人，也會有類似的空虛感。有些人為了尋找新的人生意義，過「第二人生」，埋首於各種興趣中，像是登山，或是去上成人教育課程。他們感覺到，如果不找些什麼事情來做，內在的空虛感就會不斷擴張。

我們配合這個世界，迎合社會的主流價值，過著成功的人生，為什麼最後得到的竟是茫然不知所措的空虛呢？理由很簡單，因為我們至今為止都不是在過自己的人生。我們過的不是自己的人生，而是社會所規範的人生。

「社會所規範的人生」，意指我們學習社會的規則，並將社會的常識當作自己的常識，將社會的倫理道德觀當作自己的倫理道德觀。當然，大多數人都是這樣過日子的，這也是最普通的生活方式。

我們無法以偏蓋全地說，這樣的生活方式是不好的。依循這種方式生活的人，常被認為是成功的社會人士。但是，對本人而言也是如此嗎？我們的內心仍充滿空虛，汲汲營營於社會所規範的事物，只是為了排除這份空虛。

如果我們能充分展開屬於自己的人生，應該就不會有這種空虛感了吧？而且，正因為充分活出自己的人生，也不會想要替自己立傳，或是去爭取受人尊敬又偉大的證明吧？因為真正活出自己的人生，就會覺得滿足了。

如何擁有自我與自由？

然而，到底什麼是活出自己的人生？在這之前，自己究竟是什麼？所謂的自己，並非現在眼前的我這個人。本能、意志與能力，都存在於我當中。

因此，活出自己的人生，就是釋放並充分運用這些可能性。在這層意義上，狗、貓、小嬰兒都算是活出自己。因為他們沒有任何企圖或期待，只是單純地活著。他們用全身上下去表達喜悅和開心。他們不會感到後悔，當然也不會去算計現在或未來的得失。

他們只要沒有身體上的疼痛與不適，都能保持愉快的心情，因為他們不受任何限制，只是驅使著自己的本能、意志與能力。任何人要充分運用以上三種能力，才能感受到真正的喜悅。

看看我們成人又是如何呢？在社會生活的規範下，無論何時何地都無法依循自己的本能去行動。我們也無法自由發揮自己的意志與能力。法律、道德、習慣、傳統宗教、文化、禮儀、世人觀感，這些都從四面八方壓制著我們。因此，我們會隨著時間、地點、場合，去注意身上穿戴的衣飾，留意自己的表情、視線、姿勢與態度。

因為受到規範束縛，在我們的眼中，藝術家、作家、創作者這類人實在是很隨意。只穿自己喜歡的衣服，隨興做著自己想做的事情，講自己想講的話，並從事具有創造性的工作。他們之所以能這樣，是因為具有特殊才能的關係嗎？

大多數感到壓力沉重的人會想：「如果我也有這種才華的話……」很羨慕這些自由自在的人，但同時又堅信，才能是與生俱來的。事實上，創作者的才能大多不是天生的。他們也不會這麼認為。創作者與一般人不同的地方，就在於他們從不相信才能來自遺傳天生。

事實上，這些人從未相信大多數通行於這個社會的規則。他們不認為那些氾濫於社會中，從規訓權力所衍生的倫理道德觀、思考方式、價值觀等，永遠都是有效且真實的。他們也不會輕易去迎合別人。

他們站在遍布著社會倫理道德觀以外的位置，過著比一般人自由的生活。那麼，這些人是否就缺乏倫理道德觀呢？他們是不是某種怪人，或是法外之徒呢？

實際上，他們是有倫理道德觀的。只不過，不是這個社會既定的，而是他們藉由自身的智慧與經驗，不斷去試探和鍛鍊出來的倫理道德觀。

這不表示他們的倫理道德觀就是特殊或異常的，相反的，那往往更具有人性與普遍性。相較之下，一般的倫理道德觀（即使看起來非常正常）也僅是某個時代的產物，僅通用於某個狹隘的地區與文化框架內。

正因為從事創造性工作的人所擁有的倫理道德觀具有人類的普遍性，所以他們充滿人性與普遍性的作品，能夠超越時間與空間得到廣泛的理解，而成為有價值的事物。於是，這些與一般倫理道德觀不同的想法，就被稱為才能或異能。

最重要的是，他們的倫理道德觀完全出於自身。他們是能創造價值的人。就是這一點讓他們與眾不同。

當然，在企業內工作的上班族和市井小民中，也有像這樣具有創造性的人。他們並未意識到自己創造了什麼倫理道德觀，只是依循自己的規則，過著具有強烈獨特性的人生。

在這些人身上，我們可以觀察到不隨波逐流的特性。他們會自行做判斷，並以獨特的方式去解決人生和生活上的問題，可以說是過著非常具有個人特色的人生，正是所謂的「特立獨行」。從旁人看來，這種人的自我主張非常強烈，正因為他們過著自己獨特的人生。

創造自己的價值

另一方面，無法創造屬於自己的價值的人，則是從既有的事物中去做選擇。他們依此規則選擇學校、選擇工作、選擇配偶。

這就是為什麼，這個世界上有這麼多教人如何做出安全又聰明選擇的書。他們認真唸書、努力工作並算盡心機，都是為了取得以當代主流觀點來看最好的事物。

換句話說，他們的「人生」就是從既定的幾個選項中去選擇。因此，一如成為「上班族」被認定是可以出人頭地的方法，在各個不同領域中，也有所謂成功的正統路線。

但是，到底是誰悄悄地將這些人生的選項提供給我們？當然，就是當代支配體制的權力中心了。結果產生了一批行動、思考方式都在預設範圍內，過著順從且整齊劃一生活的市民階級。只要順從的市民變多了，行政上的控制也會變得更有效率。

這種支配狀態貌似一種保護措施，同時也能有效管理市民的生活。用比較過分的比喻來說，就像是將魚養在魚缸內養到死一樣，人們就這樣漂浮於狹隘的世界中隨波逐流地度過一生。

這些人並未察覺到自己正被支配著，反而錯以為自己能自由行動。但是，他們只是服從社會既有的價值觀和倫理道德觀，因此也說不上是真正的自由，更不是依照自己的意志去行動，但他們還是能感受到這種被支配狀態，覺得有一股無法消除的壓迫感。

來吧！成為不斷實現自我的人

但是，為什麼我們會感受到壓迫呢？因為，我們感受到自己無法掌握自己的生活方式，因為我們心中都有想要依照自己的想法去行動的衝動。

就算是小孩子也會有這種感受。雖然年紀還小，有些事情做不來，但若大人一直都從旁協助的話，也會感覺不愉快。就算是玩遊戲，小孩子如果能自己掌控遊戲，

9 跟著尼采檢視「道德」

——自己決定自己的道德

會覺得更開心。這是因為小孩子感受到，運用自己的力量才有「活著」的感覺。這正是尼采常說的「力量意志」其中一個含義。

尼采的著作《力量意志》（*Der Wille zur Macht*），有時會翻譯成「權力意志」，但這並不算正確的翻譯。翻譯成「權力」的話，感覺好像只是政治上的權力。德文「Macht」原指廣義的「力量」，尼采以此表達「人們想要使用自己力量的慾望」。

因此，在《查拉圖斯特拉如是說》第三部中，尼采如此呼籲：「依循慾望去行動，成為主動追尋慾望的人。」

若我們不去實踐自己想做的事情，這一生也只是在消費擺在眼前的選項而已。這樣的人生到了最後，不過剩下無限的空虛。我們會一直走到無可挽回的地步，才有自己其實一事無成的強烈悔恨。

但也不是說，我們就要依循當下的心情和慾望去行動。這只是放縱且散亂的行為而已。我們必須超越當權者所強制給予的倫理道德觀與規範，創造出自己的規則與價值，並依此去過自己的人生。

到此，相信我已經闡明尼采所說，「去發掘屬於自己的倫理道德觀」這句話的意思了。

也就是說，我們必須跳脫除了空虛的黑暗之外什麼也沒有的既定人生選項，去創造屬於自己的生活方式，只有我才能做到的獨特生活方式，並且為了能自由自在地生活，我們必須從善惡倫理開始去思考屬於自己的倫理道德觀與生存規則。

若要這麼做，可是非常麻煩的。就好像在做一道菜之前，得先從下田種菜開始一樣。當然，要能擁有自己的倫理道德觀，可是比這還要麻煩，也很花時間。但即使如此，也比依循既有的倫理道德觀去生活，結果只感受到後悔與空虛的人生還要好吧。

實際上，如尼采，以及他所尊敬的詩人歌德，尼采哲學研究者傅柯，這個世界上的眾多作家，以及如塞尚等眾多藝術家，他們都是這麼活過來的。正因為如此，他們的才能沒有埋沒於大眾之中，而能創造出具有個性的作品。

或者我們也可以這麼說，想要充分運用自己的能力、活出愉悅人生的人，無不是從一開始就靠自己去創造屬於自己的人生。

可以做到的人，被尼采稱為「超人」。這是在尼采生活的十九世紀時使用的名稱。過了一世紀之後，我們以其他字眼來描述這樣的人，那就是——能夠不斷實現自我的人。就讓我們努力成為能稱得上是不斷實現自我的人吧。

問與答

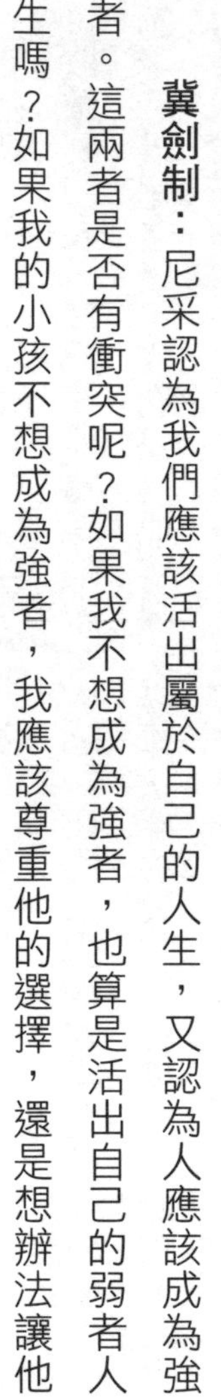

冀劍制：尼采認為我們應該活出屬於自己的人生，又認為人應該成為強者。這兩者是否有衝突呢？如果我不想成為強者，也算是活出自己的弱者人生嗎？如果我的小孩不想成為強者，我應該尊重他的選擇，還是想辦法讓他改變觀念？

白取春彥：尼采所謂的強者，並非是物理上力量很大的強者，也不是擁有權力的強者。尼采所提出的「強者」，可以說是具有能夠創造自己的強大力量的強者。

具體來說，就是能夠樹立屬於自己的價值觀並加以實行，且對自己所選擇的生存方式絲毫不感到後悔的人。

另一方面，弱者就是上述的相反，亦即是會附和他人的人，他們會不加思索地遵循、服從既有的價值觀與生存方式，例如政治、宗教和傳統。

第四章

扭轉對世界的看法

10

跟著索緒爾檢視「語言」

——懷疑語言

在瑞士的大學教授語言學的斐迪南・德・索緒爾（Ferdinand de Saussure，一八五七至一九一三）一直到五十五歲亡故之前，從未寫過一本供大眾閱讀的書籍。他是一個語言學家，並非哲學家。

然而，始終過著低調學者生活的索緒爾，在課堂上教授的講義和手稿卻被編纂成一本書──《普通語言學教程》；這本書對二十世紀以後的哲學帶來了極大的影響，因為他的思想替哲學思考開啟了新的局面。

索緒爾研究的是我們於日常生活中使用的語言。他提出，語言有將事物「分類化」的作用。只要先了解這一點，就可以理解索緒爾的其他思想了。

語言的作用：將事物分類化

所謂分類化，意指以語言刻意去「分類」某些原本沒有被區分的事物。我們隨處都可以看到分類化的案例，譬如以年齡去區分少年少女和成年人。

當然，每個人的成長速度都不一樣，會因為環境和營養狀況等而有不同的成長。但是，所謂的「分類化」就是無視這些實際狀況，而以一定的年齡作為區分基準，這就是一種「分類」。

一如上述案例，區分人類小孩與大人的話語是什麼呢？就是「成人」一詞了。各式各樣的話語具有分類事物的作用，而由這些話語構成的文章也是在分類事物。

但是我們幾乎沒有發現語言具有分類化的作用，因此我們會將現實中無法區分清楚的曖昧事物，強制以語言將其分得一清二楚。

這麼做有時會引發悲劇；例如，民族的歧視就是如此。藉由民族的分類，我們認為不管是哪一種人必定屬於某一個民族，並由此而產生不同民族也有所差異的歧視思想。

納粹就曾經謳歌日耳曼民族的優越性，將猶太人視為劣等民族，導致大量虐殺猶太人的大規模歧視行動。

男女的分類方式也跟現實狀況不同。所謂的男女之別，也是以話語去分類的。但我們都知道，有些人同時具有女性生殖器官和男性染色體，或者也有同時具有男女生殖器官的人。語言上的男女之別並不符合現實中的自然現象。

自然現象就是，有些事物雖然看起來相似，但其實各自有一些不同之處，不過當用同一個詞語去歸類時，這些事物就會被認為是「相同」的，但用另一個詞語去歸類時，又會被認為是「不同」的。

語言使得現實中存在的事物之間產生差異，這就是語言的「分類化作用」。只要使用的語言不同，亦即各文化各自使用不同的語言，其語言的「分類化作用」也會不同。例如，日文、俄文、法文中描述色彩的語言所意指的實際顏色就有很大的差異。

要完全正確地轉譯兩個不同的文化是不可能的事情，因為並不存在能夠完全相互對照的語言。

例如，日文說「水變髒了」（水が濁る），而我們卻找不到可以跟「變髒」一詞相對應的英文單字。如果勉強要翻譯，只能用 get impure；或許也可以用 muddy，但以日文的語感來看，muddy 意指比「變髒」還要混濁的泥水。

這並不是因為日文是一種比較細膩的語言。也有很多英文單字在日文中找不到一個可以相對應的詞語，甚至連只是大致符合意思的說法都沒有。

例如，solitude 這個字不能翻譯成日文的「孤獨」。日文中「孤獨」的意思其實比較接近 loneliness。

Loneliness 與德文的 Einsamkeit 一樣，都有寂寞的意思在內，但 solitude 一字卻包含了享受孤獨的充實感，而我們卻找不到可以恰好對應 solitude 的日文。

兩種文化間找不到可相對應的字詞，並不是因為不同文化對感性的表現方式不同，而是因為不同文化對事物、情境、心理狀態等分類的方式不同而已。

由於語言具有分類化作用，導致我們無法以大自然和世界的原本樣貌去看待它們。那麼，如果我們不使用具有分類化作用的語言，是否就能以大自然與世界的原本樣貌去看待了呢？

大概是沒辦法吧。就是因為有語言，我們才能認知大自然與世界的形態。認知就表示理解；所謂理解，意指去掌握這個對象對我們來說具有什麼樣的意義。

藉由掌握對象，我們賦予了這個世界意義和價值。若沒有語言，就無法這麼做；也就是說，若沒有語言，世界便會消失。

亦即，人類藉由語言這個人工的顏料，給世界、環境染上屬於自己的色彩。換句話說，藉由染上色彩，我們得以將世界上所有事物做出各式各樣的區別，並以這些區別為基準去分類事物，賦予各種意義。

文字透過差異產生意義

以一個最常使用的簡單例子來解釋人類對差異的理解，即形容相對位置的詞語，例如上和下、左和右。

上面指的是哪一個位置呢？就是不是下面的位置。右邊指的不是左邊的位置，左邊指的不是右邊的位置；都是因為彼此的差異而相互指涉。如果只有右邊，是不會產生任何意義的。

正是因為與其他文字的差異，才讓這個文字產生明確的意義。文字本身並非是獨立的、具有特定的意義，而是透過與其他文字的差異比較才能產生意義。形容色彩的文字也是如此；可以說，所有的文字都是藉由差異才產生意義。換句話說，文字藉由與其他文字產生相互關係、相互差異，才能擁有意義。

這個狀況並不僅限於文字。發音，亦即文字的音韻，也正是由於和其他文字音韻的差異，而各自擁有不同的意義與作用。

如同上述，所有文字都是藉由和其他文字的差異來建立其意義，因此文字就是符號的一種。正因為文字也是一種符號，所以也和文字所指稱的實際事物的本質沒有任何關係。

可以說，文字就如同下棋時所使用的棋子。西洋棋的棋子中有♕國王、♔王后、♗主教、♘騎士、♖城堡、♙士兵這六種，若少了其中一顆棋子要怎麼辨呢？只要用橡皮擦或是小人偶代替棋子就可以了。

在這個情況下，代替的棋子究竟是什麼形狀、什麼材質，一點都不重要。若丟失的棋子是騎士，即使代替用的棋子形狀根本就不是騎士騎在馬上的樣子，也沒有關係；即使形狀和其他棋子大不相同，代替用的棋子也可以是具有相同意義的符號。

能指與所指

索緒爾最大的成就，就是發現作為符號的語言具有兩面性。

這個兩面性，就是語言的能指（signifiant，符號形象、發音）和所指（signifié，符號意義）。

以馬路的交通號誌為例來說明，紅色是能指，「停止」的意義為所指。語言也是一樣，法文的 chat 和英文的 cat 的符號形象與發音是能指，而作為意義的所指是

「貓」。

大家可能會認為，不管是哪一個文字，都必須有能指和所指這兩個要素緊密結合在一起才能成立，但實際上不管在哪個面向，能指和所指都不是緊密結合在一起的。能指和所指並非固定的關係，不是目前使用的這個能指只能連結到某個所指。因此，cat 這個能指的所指也可能會是「狗」、「海」、「石頭」。索緒爾稱這一點為「語言的任意性」。

當然，如果有一個人以 cat 來指稱「狗」，其他人恐怕無法理解他的意思。但如果有多數人都以 cat 來指稱「狗」的話，cat 一字的所指就會變成「狗」了。

能指和所指之間的關連是任意的，因此俄文的P並不是希臘文的P，而是希臘文的R。英文的蘋果是 apple，德文則是 Apfel，能指的形象和發音都近似，但和日文「リンゴ」（ringo）不管是能指或是發音都不相近。

語言的任意性

我們都沒有查覺到語言是具有任意性的。在索緒爾發現語言的任意性以前，大

10 跟著索緒爾檢視「語言」
——懷疑語言

多數人都認為事物的名稱就是語言本身。

換句話說，人們認為，事物與概念的名稱的集合體，就是語言。但索緒爾卻說：「語言並不是名稱的目錄。」不知道各位是否了解這句話的意思呢？

如果，語言是名稱的目錄的話，那麼這一切是如何開始的呢？

舉例來說，眼前有一個圓形的桌子，我們把這個桌子當成是全世界。桌子上排放著存在於這個世界的各種事物和概念；我們替這些事物和概念一個一個命名。這就成為了人類的語言。只是由於國家和文化的不同，導致有不同的符號形象及發音。

如果事情真如上述，那麼每個國家的字典的條目數量應該都會是一樣的吧。而且，不同語言間的翻譯應該會變得相當簡單，很快就能找到相對應的文字。僅只是文字的形象、發音、排列各不相同，但每一個文字所對應的意義應該都是一樣的。

事實上卻不是如此。即使文字的意思大致相同，但在不同文化圈內卻會產生不同的意義。例如，日文的「喜歡」，與英文（like）、德文（mögen）、法文（aimer）的意義並不完全相同。

日文的「喜歡」（好き）有「中意」的意思，若要傳達出細微差異，翻譯成德文時就不該用上述的 mögen（喜歡），而是得用 gefallen（中意）。

而法文的 aimer 除了有「喜歡」的意思之外，也有「愛」的意思，無法完全對應日文的「喜歡」。另外，日文中有一個單字「愛玩」，用來形容寵物（類似中文的「愛玩犬」），在法文中是完全找不到相對應的單字。

如果在索緒爾提出語言的任意性之前，大家所相信的「事物與概念的名稱集合體即為語言」這件事為真，那麼大量的文字應該是從古代開始就具有固定的意義，且不管經過多少時間都不會改變。然而，事實上是否真是如此呢？各種文字其實一直都在持續變化當中。

例如，日文的「紅色」，在現代認為是比洋紅色（magenta）還要再明亮一點的顏色。但在以前，紅色所指稱的顏色範圍卻比現在還要廣泛，咖啡色或褐色都可以被稱為紅色。而在更早之前，紅色是指明亮的顏色，也就是說日文的「赤」（音 aka）是從「明るい」（音 akarui，明亮）這個字衍生而來的。

英文中也有隨著時間而改變文字意義的案例。例如，cattle 一字在現在是指「畜養牛」的意思，但在以前，作為資產而畜養的四足動物都被稱為 cattle；而在更早之前，cattle 其實泛指資產的意思。

若語言能單純地永遠指稱同一事物的話，就不會產生這麼多的變化了。能指和所指之間的連結關係是可以恣意改變的。

而代表文字意義的所指也絕對不是從很早以前就已存在、固定且不會變動的概念。

文字的意義，由文本定義

文字的意義不僅會隨著時間而改變，文字也必須放在一段文本脈絡中，才能確定其意義。

若僅有一個法文單字 boeuf，我們並不清楚是指在牧草地上漫步的「牛」（英文 ox），還是食用的「牛肉」（英文 beef）。然而，當這個單字出現在文本「吃 boeuf」中，boeuf 才產生了「牛肉」的意義。mouton（羊）、sheep（綿羊）、mutton（羊肉）也是一樣。

亦即，一段文本會分類所包含的文字並決定其意義。其他文本也是一樣，所包含的每個文字會產生相互關係，相互依存，並進行分類，決定文字的意義。

交通號誌也跟語言一樣是一種符號，因此也有相同的作用。將一塊上面有⛔記號的金屬板放在某個儲物間的角落，會讓人搞不清楚究竟代表什麼意義。但是同樣的金屬板若放在街道上，人們就能理解這個符號是表示車輛禁止通行的意思。街道、路面、交通、車輛等無數的物品組成一段文本，並將符號做分類，使其產生「禁止通行」這個意義。

當然，即使是沒有符號也沒有文字的狀況，我們身處環境中的所有事物也是一種文本，同樣具有分類化的作用，讓詞語產生特定的意義。

不管是什麼事物，都不是從一開始就具有某種意義的，而是將這個事物放置在某個情境下，才能產生當下的意義。請各位回想一下前述西洋棋棋子的比喻。橡皮擦或小人偶可以作為代替騎士的棋子，但離開棋盤以後，身為騎士棋子的意義隨即消失，回復成一般的橡皮擦或小人偶了。

因此可以說，棋盤與其他棋子的位置發揮了文本的作用，而代替騎士棋子的物品就是文字或符號。代替的物品僅在和棋盤產生關連時，才能被認知為屬於西洋棋的一部分。

二千年前的古羅馬帝國，曾經有人製造出以蒸氣壓力驅動的玩具。然而，當時的人卻沒有把蒸氣動力運用在其他事情上。一直要到十九世紀左右，才出現蒸氣驅動的火車。

也就是說，唯有在將蒸氣壓力置於其他各種各樣動力的狀況下，人們才終於發現蒸氣壓力與動力的關連性。在古羅馬時代，當時僅有以家畜、奴隸或水車驅動的動力，並沒有把蒸氣壓力也當作是一種動力。

事物的意義來自與人類的關連

讓我們再回到西洋棋的例子。舉例來說，若有兩個不懂西洋棋的人，很偶然地面對面坐在放著棋盤的桌子前，會發生什麼事呢？

當然，對他們來說，不要說是代替棋子的橡皮擦了，就連原本的棋子和有六十四格的棋盤都不具任何意義。這是因為，這些物品必須與人類發生關連，才能產生意義。

雖然有人類的存在，但若沒有與人類產生關連，就無法賦予事物意義。人類在那樣的情境中看見了什麼，與這些事物發生了什麼樣的關連，然後視線所及的一切事物才能成為符號，並且產生意義。亦即，進入人類的視線中，或是與人類發生關連，就是意義的產生。

舉例來說，軍隊是「進攻」，還是「侵略」，或是「進軍」，可以藉由使用的詞語表現出軍事行動與人的關連性。亦即，所使用的詞語包含了與自身相關的價值和判斷，並具有相互依存性。

因此，人類如何看待某些事物，或是與這些事物產生何種關連性，是決定哪些事物是相同，哪些事物是不同的依據。例如，我們會替河川與山脈命名，並認為即使在我們死了以後，這些河川和山脈也會永遠存在。但實際上真是如此嗎？河川和山脈真的是永遠不變的嗎？

順帶一提，西元前六世紀左右的希臘哲學家赫拉克利特曾說過：「人不會踏入同樣的河川兩次。」這是因為，所有的事物都在不斷流轉改變中；流動的水也同樣會改變。十九世紀的哲學家叔本華也說：「變動正是世界的常態。」

如果我們重新鋪設了原本塵土飛揚的道路，那麼這條道路還是跟以前一樣嗎？當然，這條道路會變得跟以前不一樣，不過我們還是用同樣的名字稱呼這條道路，並認為跟以前一樣沒有改變。

一個名為斐迪南的小嬰兒漸漸成長，現在已經是可以騎自行車的年紀了。當然這個孩子已經不是當初那個小嬰兒，但我們還是叫他斐迪南，認為這個斐迪南就跟以前那個小嬰兒一樣是同一人。

從上述案例可以了解，我們所說的「相同」，並不是指「物理上的相同」，而是我們理解為「關係性與構造上具有同一性質」。亦即，我們的理解也和語言一樣，是以分類的方式來看待這個世界。

不僅是人類，比起人類更受到本能強烈支配的動物和昆蟲也會這樣看待世界。他們以自己的方式替這個世界做分類，區分出對自己來說有意義和無意義的事物，並將有意義的事物組成自己的世界。

這個「世界」就是對自己來說有意義的符號的集合體。

語言的變遷

之前已經說明過，文字具有意義，但其意義也會隨著時間而變化。意義會改變，就表示跟文字相關的概念也會一起改變。

作為各種宗教中心的神或佛等概念，也會隨著時代變遷而改變。基督教神學將神當作神靈般的存在，過去的日本則將神（與上同意）等同於貴族或天皇。古希臘曾經將皇帝等同於神，也把自己的存在當作神。另一方面，佛本來是指頓悟之人，但到了現在，不同國家有不同的意義，有些國家認為是神靈般的存在，有些則指稱死者。

但造成這種改變的並不是時間，而是語言中能指和所指的任意變化從根本引發了時代上的改變。這就是「語言替世界分類」的具體事實。

也就是說，不管世界是否真的發生了變化，光是能指和所指的改變，就能讓依據語言去分類的世界看似產生了變化。

話說回來，我們的日常生活中是否也曾發生同樣的事情呢？自己平時使用的能指與所指，真的能完全符合他人的能指與所指嗎？

完全符合這種事情恐怕很少見吧。即使是相同的能指，也常看到代表意義的所指在不同人之間有很大差異的狀況。正因為如此，我們在日常生活中會發生許多相互無法理解、不合、誤解、對抗等事情。

讓我們再一次回顧索緒爾的語言學，了解他提出的想法與從古至今的思考方式有多麼不同。

以往人們皆認為，是語言替這個世界上的所有個別事物命名。因此，每一個文字都有與其相對應的物體或是概念存在。

依照索緒爾的理論，實際存在的個體並不是造成文字間差異的根源；文字間的差異是來自於認知方式的差異。例如，日本人會分出鮪魚和鰹魚，但西歐國家的認知方式不同，所以這兩種魚都被稱為tuna。

是認知方式產生了語言，因此不同國家文化所認知的彩虹顏色數量也不相同。日本說是七色，美國說是六色，新巴威等國所使用的語言修納語則只有三色。

順帶一提，並不是說日本人的眼睛可以辨識出彩虹有七種顏色，而是因為我們在學校中學到，彩虹有七種顏色。先具有相關知識，再來看彩虹的話，就連小學生也會說彩虹有七種顏色。也就是說，這不過是透過學習所造成先入為主的觀念而已。

另外，在相信惡魔存在的文化圈中，人們會使用「惡魔附體」這個詞，而在重視科學的文化圈或是時代，則稱其為精神疾病。使用文字雖不同，但並不表示一個是未開化的文化，另一個是較進步的文化。主要是因為認知方式，也就是分類方式不同而已。

有些文字的指涉對象並沒有實際個體存在。之所以會有這樣的文字產生，是因為其對人類來說具有意義，如龍、靈魂、幸福、成功等。

因此，我們眼中所看見的世界樣貌，其實是藉由我們所使用的語言形塑而成的。使用什麼樣的語言，以什麼方式去使用，會改變我們對世界的看法；最終這一切形成了社會、文化。

簡單來說，文字的意義並不存在文字本身當中。文字僅是非自然產生的記號，而唯有在跟其他文字產生關係或差異之後，才能出現意義。文字的意義會不斷地持續改變。

langue（語言）和 parole（言語）

索緒爾又將語言現象分為 langue（語言）和 parole（言語）兩種。

langue 為傳達事物的結構。例如，單字、文法、基本發音等既有結構的整體就是 langue。

若不能事先了解 langue 的結構，當然就無法表達出對方也能理解的意義。小孩子的語言學習，並不只是小孩子藉由模仿周遭人所說的話語來學習語言，而是包含 langue 的學習。

若無法事先了解一個文化圈通用的 langue，當然就無法在這個文化圈內以文字話語表達及溝通。因此可以說，langue 具有社會性。正因為具有社會性，該文化圈的人能讀懂並理解使用正確的 langue 所寫就的書籍內容。

另一方面，parole 是指並不屬於 langue，且和語言表達相關的所有要素的集合體。當一個人說話時，這個人說話的聲音可以說是一種 parole；並非針對特定人士且不算正確傳達意義的自言自語是一種 parole；戀人之間的愛語是一種 parole；替自己常用的電腦命名為凱蘿並呼喚這個名字是一種 parole；叫喊是一種 parole；對家人說：「喂，那個怎麼樣了？」是一種 parole。簡單來說，不具社會性、屬於個人的話語，就是 parole。

我們在日常生活中大多時候都是使用 parole 思考。然而，當我們想要統整這些思考，並寫成一篇文章時，就不得不用到 langue 了。

亦即，若無法依循 langue 的社會性規則去表達，其他人就無法理解其意義。從沒有看過一本書的人之所以寫不出一篇通順的文章，都是因為沒有學習 langue 的關係。langue 和 parole 之間就是有這麼大的不同。

那麼，語言活動雖可單純地二分為社會性的 langue 和個人性的 parole，但這兩者之間是否真的完全沒有關係呢？並非如此。parole 經過無數次的反覆使用之後，總有一天會變成 langue。只要想像一下小孩子漸漸地掌握語言使用的訣竅，就能明白這個道理了。

換句話說，parole 是將來會形成 langue 的未成熟型態，langue 則是 parole 經過磨練後成為具有社會性結構的形態。

還有，僅於年輕人之間流行的話語是 parole，但若這種話語廣為流傳、使用，會被記載在字典上而成為 langue。因此，詞彙與字典的頁數會一直持續增加。

總結來說，在索緒爾提出其思想以前，自柏拉圖以來的哲學都是在思考事物的本質是什麼。

然而，索緒爾的語言學讓大家理解到，事物本身並不存在原本即有的本質，是藉由與其他事物的關係性與差異性而產生意義。

另外索緒爾的研究方法是著重於事物之間的關係性，換句話說，就是著眼於事物的結構。這種研究方法成為了一九五〇年代以後誕生的一種哲學流派——結構主義——的起點。

問與答

冀劍制：讀了這篇有個心得：「有語言才能造成歧視。」也就是說，人們歧視的源頭之一可能是受到語言的欺騙。那麼，要擺脫社會上的歧視觀念，可能可以從語言的改造做起。身為語言的使用者，我們要怎麼改造語言或使用習慣，以避免歧視或偏見？

白取春彥：改變語言的使用方式，是否就可以減少歧視與偏見？語言如同能無限增殖的生物一般，因此我認為我們不可能一一去規定語言的使用方式。

不過，人與人之間的相處方式，會讓語言的意義產生變化，因此我們平日的行為可以消除因語言而產生的歧視與偏見。

11

跟著弗洛姆檢視「愛」

——追求愛

研究弗洛伊德精神分析的德國學者埃里希 弗洛姆（Erich Fromm，一九〇〇至一九八〇），一般來說被認為是社會心理學者，但他並非那種能夠平靜地過著學術研究生活的學者，而是一生不斷受到時代洪流所捉弄的人。但也因為如此，他所從事的並非以往替患者做臨床研究的精神分析，而是提出能夠解釋社會動向的精神分析判斷，並開創了社會心理學這一門新的領域。

弗洛姆經歷過兩次世界大戰以及納粹的壓迫，導致了顛沛流離的人生；他因為猶太人的身分而被逐出研究所，並流亡美國。他的著作《逃避自由》（*Escape from Freedom*），即是在描述大眾如何地自願服從於權威，而這本書目前仍廣被閱讀。

約莫四十五歲以後，弗洛姆移居墨西哥，擔任當地醫學院的教授，同時也撰寫了諸多研究「正常」、「愛」、「惡」、「希望」等與人類倫理相關主題且意義深遠的著作。在弗洛姆的後半生涯，他不僅是個社會心理學者，也是以平易近人的語言傳授學問的人本主義哲學家。

大多數弗洛姆的著作都不難讀，甚至是相當易讀好懂。一直讀下去，就會發現自己所謂的常識與思考方式，是如何受到當前社會的強烈影響，接著能讓自己的世界觀完全改變。

我以弗洛姆思想中的《愛的藝術》（*The Art of Loving*）為主，提出幾個對生活在現代社會的我們來說相當貼切的例子，讓大家更加理解弗洛姆的思想。

人際關係商品化的時代

某個電影角色曾說過這麼一句話：「人生就是遊戲。」

一般來說，電影這個媒介高度反映了那個時代人們的價值觀與人生觀，因此，「人生就是遊戲」這一句譬喻，可以說是許多現代人的想法。

然而，真正重要的並非去探討人生是否真如遊戲。因為許多人都有一種將人生比喻為遊戲的想法，因此電影或戲劇中才會出現「人生就是遊戲」這樣的台詞；若非如此，一般觀眾應該也無法理解這句台詞的意義，甚至產生共鳴。

那麼，「人生就是遊戲」究竟代表了什麼意思呢？首先是認為，人生猶如遊戲一般，事先就定好了規則，而這個規則就是如何在遊戲的競爭中取得優勝的方法。

假設我們必須遵守這個方法，才能在遊戲中過關並成為贏家。因為是遊戲，一定會有贏家跟輸家。當代之所以會出現這麼多成功術的書籍，即是人生遊戲規則的其中一個面向。這些書籍都在說明如何在人生遊戲中取勝的方法論（先不管是否真有成效）。

並不是只有商業界才有這種遊戲方法論，這些遊戲規則也滲透入我們的日常生活與價值觀中。整個社會無言地暗示了，什麼樣出身的人會進入什麼樣的學校，畢業後會進入什麼樣的企業，會建構什麼形式的人際關係網絡，以及最終會成為哪種層級的優勝者。

朝著優勝邁進的人生，就像是一路收集重要卡片的卡牌遊戲一樣。因此，「人生就是遊戲」這譬喻，自然能得到觀眾的認同與理解。

宛如遊戲的人生的輸贏規則是很清楚明瞭的，那就是收集到的東西越多越好。得到更多的金錢、更多的機會、更多的自由、更多的時間……，目標就是以量致勝的富裕。這不就是自古以來持續到現在，大多數人的人生目標嗎？

但也並非如此。十八世紀後半葉起，工業革命從英國興起並逐漸擴散到其他國家，社會型態為之一變，之後資本主義經濟蔓延至全世界，但這也不過是近二百年的事情。從這時候起，進入了大多數的事物都可以商品化的時代。

雖然馬克思於《資本論》（一八六七）一書中提出「勞動力商品化」的批判，

但商品就是具有能滿足人類慾望的使用價值。現在也是如此，各種商品有各自的價值，透過支付符合商品價值的金額，我們就可以得到該商品。

對現代人來說，這是理所當然的事情，但這個觀念改變了我們看待事物的方式。簡單來說，不僅是市場上的商品而已，我們也會對人以及人所從事的工作附加商品價格，完全不認為這麼做其實就是商品化概念的應用方式。

我們在不知不覺中也以商人為商品訂價的目光，來看待與人生以及人性相關的事物了。於是，本來僅止於比較市場上商品價值高低的觀念，也成為評判他人優劣的指標。

弗洛姆於其著作《生命的展現》（*To Have or To Be?*）和《生存的藝術》（*The Art of Being*）中強調，生活在商品如洪流般現代社會的人們，無法區分「存在」（being）與「擁有」（having）的差異，而且特別重視「擁有」這個面向。

因此，人們不去探討「要過什麼樣的人生」，而是「要擁有多少東西」。雖然我們會去確認一個人的能力究竟有多麼優異，但評判的標準是以眼睛可見的事物為主。

例如，我們會以學經歷、取得的證照、重要人士的推薦、語言能力的等級等，這些可以文字說明、客觀理解並具體證明的事物，來代表一個人的本質與能力。

愛情猶如購物

與愛情相關的許多事情也是如此。

舉例來說，我們並非愛著在我們面前的這個人原本的模樣，而是愛著這個人身上明白可見的附屬條件。尋找適合結婚的對象時，也會要求對方具備各式各樣的條件，猶如在挑選好商品的聰明購物。

戀愛，可以說是正在建立相當深厚的人際關係，也常常以對象的價值作為評估指標。例如，決定是否要跟對方交往時，從對方的外貌開始，家世、血緣、學歷、環境、財產多寡、現在的社會地位與將來的發展性等，逐一評估，一定要選擇普遍看來最優秀的才行。

因此，對現代人來說，這不是「談戀愛」，而是「獲得（get）戀人」。戀人就是具有一目了然的價值且充滿魅力的商品。結婚也是一樣，並不是與配偶結合，而是獲得一個具有價值的妻子或丈夫；孩子也同樣是有計畫地獲得的商品。

11 跟著弗洛姆檢視「愛」——追求愛

「我們所生存的社會，是建立在購買慾望，以及剛好可互相交換以取得商品的思考方式上。現代人的樂趣就是開心地瀏覽商品，並使用現金或分期付款去購買買得起的商品。每個人也都用選購商品的方式看待別人。對男人來說有魅力的女人，或是對女人來說有魅力的男人，都是用這種方式去尋找、選擇的。

「所謂的戀愛對象，就是可以用自己去交換取得的商品。……這兩個人衡量自己的價值，並去尋找市場上可購得的最佳商品，在找到的這一瞬間，就墜入了愛河。」

人際關係也變得像商品交換一樣，因為這個社會認可物質上的成功等於有價值。在自我介紹的時候，必須要提出羅列各項條件的說明書，與他人的人際往來也僅是在確認這些條件；這就是所謂的人類商品化。我們並不是在跟那個人往來，而是藉由人際交往之名去利用對方所具備的屬性和價值而已。

與弗洛姆生活的年代相比，現代社會中這個現象可以說是越演越烈。只要想想有多少的交友網站、交友軟體就能明白了。我們並不是實際跟這個人交往，而是看了看對方的條件、做比較，然後以為這樣就可以了解這個人了。

但是，為什麼現代人會這麼渴求一個交往對象呢？人們渴望成為某個群體的一分子，尋求同伴，同時也希望保有個性，但為什麼最終還是選擇變得跟大多數人一樣呢？

弗洛姆說，其中一個理由是，人會因為忍受不了孤獨的不安，而選擇與他人合而為一。他在著作中是這麼寫的：

「人類心中最強的慾望就是，擺脫孤立狀態，寄望從孤獨的牢籠中逃脫出來。「不管是在哪一個時代、哪一種社會，人類所面臨並迫切想要解決的問題就是，如何擺脫孤立狀態，尋求與他人合而為一，希望超越孤獨的個人生活，與他人成為一體。」

若一個人的價值觀與社會和組織的價值觀不同，就會感覺自己被排除在外。若能與社會群體有相同的價值觀，人就不會感到被孤立。也因為如此，過去才會有很多人贊同法西斯和納粹的主張。

現代人也是一樣。為了讓自己感到安心，他們尋求定位，害怕被孤立。人類被一種衝動所驅使，想要隸屬於某一個主流團體，想要與大多數的人一樣。

「在現代的資本主義社會，平等的意義已徹底改變。在今日，所謂的平等如同機器一般，亦即失去個性的人的平等。現在平等並非指『整體性』，而是指『同一性』。這種同一性是捨棄了眾多不同事物，只追求大家都做同樣的工作、擁有同樣的興趣、看同樣的報紙、具有同樣的感情與思考方式。」

我們可以透過宗教感覺到自己與他人合為一體，也可以透過被虐與虐待的性關係達到同樣的效果，而支配與被支配的主從關係可以讓人體驗到合為一體的感覺。

但為了達成這樣的關係，我們必須要犧牲、交出，或壓抑心中的某樣東西。我們也可以從這樣的關係中看到壓倒性的支配與崇拜的傾向，但這樣的關係通常都具有病態特質。

不過，有一種方法並非病態，卻能讓人體驗到合而為一的感覺。那就是，以成熟的愛去愛人。在這個情況下與對方結合，也都還能保有彼此的完整性與個性。

「愛是人類心中的動力，是能讓人打破與他人隔閡之牆的力量，也是能讓人與人之間連結在一起的力量。愛可以讓人擺脫孤獨感與孤立感，但同時仍保有自我，不會失去個人的完整性。愛是一種讓兩個人合而為一，而兩人又能維持個體狀態的矛盾現象。」

弗洛姆所提倡的愛，並非電影媒體中呈現的愛，也不是大多數現代人認為的愛。弗洛姆在《愛的藝術》中主張，這樣的愛才是人類所需要的愛。

愛就是給予

「愛就是給予，而非接受。」

當許多人聽到弗洛姆的「愛就是給予」時，不僅是商人，恐怕很多現代人想到的還是自己是否損失了什麼吧。因為我們若給予別人什麼東西，就等同於我們實質上損失了什麼。很多人直接地認為，給予相當於物品的轉移，因為把某樣物品轉移給了對方，所以造成了自己的損失。

在某些宗教的場合，會認為給予就是一種犧牲，故是美德；這種想法有些被虐傾向。但即便是美德，對這些人來說，給予是伴隨著痛苦的犧牲，因此還是認為給予就等於損失。

有這種想法的人通常會以物品的數量多寡當作唯一判斷基準，他們自以為擁有很多物品就等於富裕。然而，愛並非可以數量換算的東西。將愛換算成數量的人們，是受到資本主義經濟社會的影響，認為物質上的成功是重要價值，因而無法區分「存在」與「擁有」的差別。

有些人會竭盡所能取得更多物品並囤積起來，其實證明了這樣的人並不具生產力，因為他們認為自己僅能從外部取得物品，無法自己生產。

然而，對具有生產力的人來說，給予並非損失，而是一種喜悅。憑著自己的意志，自由地將力量或財產給予他人，這本身就是一種喜悅，同時也表達了自我生命力的強悍。

因為自己很富裕，即使一部分給予別人了，還是可以靠自己再生產出來，所以能夠不吝惜地將擁有的東西給予別人。那麼，這種具有生產力的人，都是些什麼樣的人呢？

弗洛姆認為擁有很多股票與房地產的富人，並非具有生產力的人。確實，股票與房地產都是在價格上漲或轉售時增加價值的東西，而且都還是物品，若把這些物品給予別人，當然會減少。

簡單一句話來描述富裕又具有生產力的人，就是有能力的人。這些人即使失去了物質上的財產，也不表示他們就變得不再富裕，當然也不是變貧窮了，他們只要使用自己的能力與技術，就可以再生產了。能力跟技術是不會減少的東西，當然也無法被偷走。

不是只有具備特殊能力的人，才算是富裕。帶給別人歡笑的人，就跟給予喜悅、樂趣、知識、智慧的人一樣，都是富裕之人。這種給予也可以稱為愛。換句話說，能毫不吝惜地給予別人自己能力的人，就是懂得愛的人。這樣的愛才能在對方的心中也萌生愛。

在考量利害的交互關係中，僅是把對方當作可利用的客人，可自由使用的道具、對象和材料，這樣的關係是不會產生愛的。當我們將對方視為具有與自己相同價值、重要的人時，才能產生愛。

為什麼呢？因為愛並非物品。愛僅萌生於每個人的生命中，也僅能傳達至每個人的生命中。

能夠給予愛的人具有成熟之人的特徵。

給予愛之人的特徵

從根本上支持愛這個動力的，就是體貼、責任感、尊敬、理解。當給予愛之人實際上去愛時，就是展現出這樣的態度。

透過與人往來的經驗，我們都知道當我們把對方當作重要的人時，就會展露出體貼、有責任感的態度。不過這種體貼與責任感，與好好對待寵物或貴重物品是不一樣的。

如果我們以對待寵物的方式去對待重要的人，就不是一種愛的行為，而是支配與擁有的關係。實際上確實有不少人會像這樣強制束縛戀人，並認為這麼做就是展現出強烈的愛。

真正的愛的行為，必定包含了尊重與理解在內。因為尊重對方，所以絕對不會做出支配對方、讓對方聽命於自己的事情，必定是在尊重對方的個性與人格的情況下去愛對方；但即使如此，也不表示自己就會聽命於對方，成為僕人。

因為是去愛一個與自己不同的人的原本樣貌，所以也需要理解對方。這是一種想要深入了解對方的慾望，但這個理解並非指知識性的理解；我們絕對不可能透過追求學問般的知識性理解去了解一個人。

唯有透過愛的行為，我們才能理解一個人；然而這樣的理解是無法經由言語或理論去說明的。為什麼呢？「人類並非物品。人類是生命體，是一直處於發展中的生命體。」（出自弗洛姆《生命之愛》〔*For the Love of Life*〕。唯有從一開始就沒有生命的單純物品，才可以用語言或理論去說明。）

很明顯地，這種理解與一般社交時的理解，以及學校學習時的理解是不一樣的。透過愛去獲得的理解，完全超越了知識性理解的層次，是經由身心去體驗的；要到這種程度才能夠真正地理解對方。這樣的理解也具有體驗自己與人類存在的特質。

還有，愛的行為並非僅針對與自己有關的某些特定人物而已。所謂的愛，是一種「針對全世界」的態度。

愛的練習

若我們追求的是如同古今中外的戀愛劇一般激烈的愛情，希望自己只愛一個人，那麼這僅是一種共生般的執著而已。或者也可說是慾望的另一種型態，或是自我中心的擴大形式，這其中並沒有愛。

若是真正的愛，應該是透過某個人去愛所有的人，而對世界整體生命的愛會轉化為對自然的愛。這才是真正的愛，類似友愛的意思。

因此，若是真正的愛，其中應該還包括了對人類真正的理解、真正的同情與真正的認同。這麼一來，我們所害怕的孤立感就會消失無蹤。

透過這樣的愛的實際行為，推翻了弗洛伊德所主張的「愛就是性本能的昇華」。而愛情也會透過愛上對方這件事，延續為肯定並去愛所有人的原本樣貌。

為了讓自己具備愛的力量，我們必須練習獨處。我們得要遠離那些與工作和日常瑣事相關的例行公事，習得一個人自處的能力。

「**能夠獨處，就是愛人的必要條件之一**。若我們因為無法自立，而必須去依賴他人，或許所依賴的人會成為我們的救命恩人，但兩人之間的關係絕非是愛。反過來說也是一樣，必須要先培養獨處的能力，才能產生愛人的能力。」

以上弗洛姆的主張乍看有點說不通。為了提升愛的能力，應該積極勸說人們實踐愛的行動，但弗洛姆的說法卻是相反，彷彿在勸人採取消極的做法。

不過，弗洛姆之所以提出保持孤獨狀態的主張，是有理由的。首先，我們必須消除在這個喧囂的資本主義經濟社會中生活所染上的功利價值觀。

去除了功利的價值觀後，我們才能看見赤裸裸的自己。這時就能逐漸了解到，自己的精神究竟依賴著什麼。然後也必須忍耐，消除各種外來的誘因，持續保持自我的狀態。一直以來，我們都太過習慣於用外界的事物來掩蓋真正的自我，因此我們必須試著徹底斷絕這樣的習慣。

11 跟著弗洛姆檢視「愛」——追求愛

接下來要做的是讓自己進入僅是呼吸的狀態。方法很簡單：伸直背脊，坐在椅子上，雙眼輕閉，自然緩慢地呼吸，就可以了。

這麼做時，心中會湧上各式各樣的思緒、感情和影像。我們必須無視這些東西，盡量讓自己停止思考。即使進行得不順利，也不要輕易放棄。總之，我們得盡力讓自己沉潛於這份寂靜之中，這麼一來，我們就會變得只感覺到自我的存在。每天早上起床後與晚上睡前，都如此練習二十分鐘左右。

這就是所謂的冥想，但弗洛姆並未稱這套做法為冥想，因為他想去除與這個名稱相關的宗教意味。這種冥想幾乎沒有什麼可遵循的作法流程，但能有立即的效果。內心可以變得沉靜、平穩，處於寂靜的狀態中也能覺得很自在。注意力會變得比以往還要集中，甚至覺得整個世界都變得清楚澄澈了。

接下來，我們會覺得自己可以全心投入想要處理的事物中，這麼一來，將體驗到所經手的一切都有各自的意義。這不是說我們可以從瑣碎小事中找到什麼特別的意義，而是整個人感覺到自我這個存在的意義。換句話說，會覺得每天都變得很充實，沒有浪費時間；不管何時，都是以全身心去感覺目前生存的每一刻。因此，只要實行這樣的生活方式，就不會感到後悔，或覺得需要反省。

只要徹底貫徹上述的生活方式，在人際關係中出現的偽裝、欺詐、策略、操弄、奉承等，也都會自動消失；也就是說，我們能呈現出最純粹的自我。從某種意義上來看，這樣的人在現代社會中是非常特殊的存在。

與人交流時也會有明顯的不同，就是說話的方式變得更純粹，只說發自真心的話語，並能夠敞開心胸傾聽對方。因此很自然地，人際關係改變了。我們會很自然地避開那些猶如商場上試圖操縱對方至某一特定方向的溝通模式，並且增加了與那些能保持自我、個性率直人們的交流。

我們會傾向與能以具體的語言說出內心深處想法的人交往；這是展現真實自我的人們的交流關係。唯有在這樣的關係中，才能萌生出愛，而我們很自然地具備了辨識這樣的人的能力。

根據弗洛姆的說法，這就是人的覺醒。**唯有覺醒的人才能真正去愛。**

只要達到這樣的境界，我們的自我就不會輕易動搖。不管周遭的人說了什麼，我們都能保持堅定平穩的自我，全心專注於真正想做的事情。我們會產生強大的自信，並在反覆實行的過程中，不知不覺地產生新的自我。

這並不表示，接下來就一定會得到世俗所謂的成功，過著輝煌燦爛的人生；也不會因此就免除了人生中的各種痛苦、失望、不合理以及試煉。但因為我們具備了可以全然接受這些痛苦的覺悟，並有跨越這些障礙的強大力量，因此能過著比一般人都還要強韌的人生。

在這個追逐金錢、功利的資本主義經濟社會中，這樣的人實在是非常特殊的存在。然而，這才是體現人心中最深沉的慾望、能去愛所有一切的真正的人。

問與答

冀劍制：戀愛中的人大多害怕對象移情別戀，所以強制束縛戀人，導致雙方都不快樂而本末倒置。但放手給對方自由是否一樣很冒險？究竟怎麼做比較好？

白取春彥：弗洛姆認為，唯有自發性的愛才具有愛原本的意義，這和試圖與對象建立關係，並進行戀愛的攻防戰是完全不一樣的。

戀愛時的你來我往、擔憂、迷惘，都是弗洛姆所說的「共生的執著」；這也是自我中心主義擴大之後的現象。另外，一般所謂的戀愛中也少見真正的愛。

12

跟著沙特檢視「行動」

——賭上自己，接著行動

人類的本質是什麼？從古希臘時代以來，有許多哲學家都試著探討這個問題。如果認為是神創造人類的話，那麼人類就是神的創造物，是神的僕人；這是某些宗教信徒的想法。

當然，即使深深相信上述說法，也不表示這就是真相。信仰的虔誠與否，和真實狀況並沒有任何關聯。

就算真的有所謂人類的本質，直至今日我們還是無法理解這個本質為何。聖經中也沒有針對人類的本質做說明。聖經只說明了，人是由神所創造的。因此，奉聖經為經典的宗教，認為人就是神的創造物。

然而一般來說，應該是先有什麼動機和目的，才會想要去創造什麼。這些動機和目的往往會成為創造物的本質。很多生活用品就是基於這樣的想法而創造出來的。幾乎沒有一樣事物是在沒有思考本質的狀態下隨意製造出來的。創建組織或系統時，也跟創造商品是一樣的過程。

本質和存在

若人類真如聖經所記載，是由神所創造的，那麼應該就有創造的動機和目的，這也會成為人類的本質。然而，聖經中卻完全沒有關於人類本質的說明。

不過，即使不是信徒，或自認為是無信仰者，當中也有不少人的想法就類似上述宗教思想。他們認為有一種普遍的人性存在。若以此為出發點，去思考人類是什麼，就是本質主義的其中一種類型。

沙特（Jean-Paul Sartre，一九〇五至一九八〇）認為，從客觀上來看神並不存在，因此人類並非由神所創造的。他認為，有可能人類就是在沒有動機也沒有目的的狀況下，突然出現在這個世界。因此，從這個立場出發的沙特說：「**人的存在先於本質。**」

所謂「存在」（英文：existence，德文：Existenz）就是指「存在於現實中」之意。本質是一種觀念，而存在是指實際存在於現實中。

沙特以拆信刀為例，說明本質與存在之間的差異。一般來說，拆信刀是為了能拆開信封才被創造出來的；也就是說，先有本質，再依循本質創造出物品。因此，拆信刀的「本質（目的和功用）先於存在」。重點在於，拆信刀的存在理由已經事先決定了。

那麼，人類的狀況又是如何呢？人類也跟拆信刀或剪刀一樣，是為了達成某種目的，為了完成某種功用而創造出來的嗎？或者說，人類的本質是事先被規範的嗎？應該並非如此。人類是在沒有本質也沒有目的的狀態下，存在於這個世界（也就是存在於現實中）。所以，並沒有小孩在出生時就注定未來要成為警察或是消防員。

當然，關於人類的本質也有其他觀點。例如，有種觀點認為，人類的動物性本能就是人類的本質。依據這種觀點，人類的行動往往受到這個本能的束縛，換句話說，若人類只能採取本能性行動，那麼人類的本質也跟動物一樣，就是本能。

現實究竟又是如何呢？人類其實可以很輕易地就壓抑這些本能，也會採取跟本能完全相反的行動。因此我們無法輕易認為，人類的本質就是本能。

因此沙特說，人類是一種沒有事先決定本質、也無法事先定義的存在。

不安的自由

若人類有所謂的本質，人就會變得不再自由。若人類的身體與精神中有所謂的本質，那麼人類的行動與思考僅能順應這個本質的框架去行動。

而沙特認為，人類並沒有所謂的本質。基於人類未受到本質所束縛這一點，沙特提出了自己的自由論。正因為我們沒有本質，所以才能自由地做選擇並行動；當然，不去做選擇和行動，也是你的自由。

然而這種自由，與從令人無法忍受的束縛中解放出來而感到歡喜的自由是完全不同的。沙特指出，這種自由反倒令人感到不安。

為什麼會讓人不安呢？因為人們所做的選擇與採取行動的理由，除了自己的想法以外別無其他依據了；甚至沒有能夠正當化自己行為的基準。也就是說，我們是處於一種完全找不到藉口的狀態。

例如，正當飢腸轆轆時，眼前出現了食物，但這是別人的食物，現場除了自己以外沒有任何人。在這個狀況下，你會採取什麼樣的行動呢？

若人類的本質就是本能，應該會因為覺得飢餓而隨即拿起食物吃下吧，且一點都不會感到良心不安。但事實上，人們不會這麼做。人們會猶豫，思考究竟該不該吃這些食物，然後不得不做出選擇。

若是居住在回教國家的伊斯蘭教徒，應該會毫不猶豫地將食物吃下肚，而且一點都不覺得自己任意拿了別人的食物。這是因為，伊斯蘭教的聖典《古蘭經》的教誨即是，在面臨飢餓與貧困之際，擅自吃了別人的食物，也不會有罪。

伊斯蘭教徒的思考方式與行動中，有不少是以聖典中所記載的話語為根據。基督教徒也是以聖經中的話語作為自己的倫理觀與行為規範的基礎，而和伊斯蘭教相反的是，基督徒認為擅自吃下別人的食物就是竊盜，因此不敢隨意拿取別人的食物。

有些重視現行法律的人，也跟信奉宗教教誨的信徒一樣，是以法律作為行動的基礎。他們會依照當前社會的風向來規範自己的行為，判斷這麼做是否會犯法。同樣地，也有些人會將身處社會的文化傳統與習慣當作行為倫理的基準。

這樣的人都是將存在於紀錄中或記憶中的案例視為絕對的標準，並沿用此標準當作行動和選擇的準則。有些人可能覺得自己並不拘泥於宗教或傳統的規範，但沒發現自己也做出符合傳統規範的行為。

所以，並不是事先就決定了自己是一個什麼樣的人，而是透過每個人各自的選擇與行動來決定。這正是沙特所主張的，「**人類是由自己所形塑的**」。

並沒有人本性是殘酷的，也沒有人本性是善良的。人是因為做了殘酷的事才成為殘酷的人，做了善良的事才成為善良的人。人是依據每次採取的行動形塑了自己。

這就是「存在」的人們的姿態。

行動的自由伴隨著責任。一個人每次的自由行動，都有可能會讓他人感到不快，甚至被視為有敵意的行為，或者被認為是反叛者。即使真的被他人敵視，也只能說我們必須為自己所選擇的行為負起責任。

這裡就出現人類的兩難了。若乖乖地遵守自古以來的信仰、宗教、民俗習慣、社會慣例等規範的話，我們就跟被設定本質來動作的物件沒有兩樣。若要脫離這種狀態，活出人類真實的存在，必然伴隨著無數因責任而來的痛苦。不用負責任且安全的狀態是不存在的。

沙特稱處於不安狀態且無法逃脫的人是「被判為自由的人」。身而為人，我們永遠都無法逃離名為自由的刑罰。

在第二次世界大戰結束後的一九五〇至一九六〇年代，世界上有不少年輕人信奉沙特的存在主義，但並不是因為他們讀了沙特的著作《存在與虛無》（*L'être et le néant*）之後，真正理解其涵義，而是誤會這本書是在教人無限制地自由解放，並推崇不用負責任的狀態以及飄泊的流浪生活。

意識的作用是什麼？

沙特將物品命名為「自在」（法文：en soi，德文：an sich），而將人類命名為「自為」（法文：pour soi，德文：für sich）。

沙特是從關係的層面考量，才做出了這樣的命名方式。物品的「自在」意指「自在的存在」。這是因為物品跟其他物品之間並沒有產生關聯。另外，物品是其所是，不會變成其他物品。物品只會是物品。可能有些人會覺得，「物品是其所是」這一句話有點奇怪。因為我們都認為，人類也是其所是。

然而沙特認為，人類是會不斷地試圖變成自己以外的事物的存在。這是因為，人類跟物品不同，具有意識。人類是有意識的存在，因此能與其他物品或人產生關聯性。所以他稱人類為「自為」。這個「為」，是指「為自己」的意思。

因此沙特主張，每個人皆具備的意識作用，正是存在的性質。

那麼，意識是什麼？

我們的意識總是不斷在追求什麼。意識一定具有某種目的。在這層意義上，我們可以理解意識並非如同生物感應裝置的東西。

若意識是腦中的某種特殊感應裝置，這個裝置的機能也可能有停止作用的時候。那麼機能停止時的意識又是什麼呢？我們並不會將停止機能的裝置稱為意識。

正因為意識一定總是追求著某個對象，我們才能知覺到意識的作用。

但是，當意識在追求某個對象時，意識會全神貫注於該對象，但人自己本身卻對意識的作用毫無自覺。

換句話說，當自己本身對意識毫無自覺，也就是完全處於無的狀態時，意識才能百分百地發揮作用。當意識發揮作用時，必須要讓自身處於無的狀態。當我們認為本身沒有意識的存在時，才正是意識發揮作用的時候。

另外，意識也會完全無視其所追求的對象以外的事物。若不這麼做的話，意識就沒辦法全心去追求了。

存在一定伴隨著無

並非只有意識需要無的狀態。當我們想要實踐存在的生存方式時，也必須要讓自己處於無的狀態。

例如，有個人想要成為職業足球選手。因此他必須開始提升體力，做足球的基礎練習等。他所做的事情等於是否定了過去沒有想成為足球選手的自己，並試圖成為一個新的自己。目前這個想要成為足球選手的自己，跟過去的自己完全不同，並且展望未來。

為了要成為所期望的未來的自己，必須從現在開始改變生存方式；這種狀態被沙特稱為「投向」（法文為 projet，向前面投出）。因此，存在的生存方式就是「活在投向的狀態」。

想要成為全新自己的投向，為當前的練習和提升體力等行動賦予了意義。年輕人迎向未來的積極姿態令人感覺生氣勃勃，正是認為現在的行動對自己的未來有充分的意義和價值，因而感到喜悅。

然而，未來所期望的狀態——以上述案例來說，就是成為職業足球選手——其實還很遙遠。目前的自己連個業餘選手都還算不上，也不是說只要經過一段時間，就一定能成為職業選手。或許目前這些基礎練習對未來的自己來說是有意義和價值的，然而若讓未來的自己回頭來看，現在的自己其實尚未有任何成就。

因此，現在的自己只是個虛無。雖然是虛無，但若不是虛無，那個投向的自己就無法成立。就算自己試圖投向，但若無法讓當前的自己成為虛無，就無法持續投向。

人會不斷地投向，並想著總有一天一定可以成為職業選手。不過，即使自己所期望的目標達成了，也不表示就會永遠停留在同樣的狀態。一旦成為了職業選手，也會不斷投向，想要變得更強，想要成為先發選手，想要成為能讓知名球隊挖角的世界級選手。就在不斷投向的同時，當前的自己也一直持續地成為虛無。

這是存在的自由生存方式的束縛，是無法消解的不安感，也是加諸人類身上無法逃離的刑罰。因為，想要成為其他某種事物的生存方式，本身就是一種不斷投向的過程。

因此，只要持續實踐存在的生存方式，人就會不斷地成為虛無。沙特的著作《存在與虛無》中所說的「虛無」，就是指這樣的「虛無」，而「存在」指的當然就是人類和物品了。

然而，正是因為這種處於虛無的狀態，才能讓我們人類找到生存的意義。唯有不斷地超越過去與現在的自己，投向新的存在，才能找到生存的意義。

例如，試想以下的狀況：我是全世界最有錢的人，我可以買下世界上所有的東西，擺在自己的房子裡。但如此就能讓人生充足且完整了嗎？

並不是這樣的。唯有作為主體的自己與這些物品產生關聯，並藉由產生關聯來讓自己成為一個全新的存在，才能找到生存的意義和價值。

物品只是存在那裡的話，並不具有任何意義或價值。當自己與那項物品產生關聯，才能出現意義和價值，而且是對自己來說如此。不過，這是透過行動而產生的關聯，因此不僅對自己來說具有意義與價值，行動也一定會對他人造成影響。

這樣的行動在總體上改變了世界。沙特在《存在與虛無》的第三卷中即如此說明：「**行動為世界的樣貌帶來變化。**」

因此，人生與世界並非事先就隱藏著某種意義。人生的意義並不是靜悄悄地被埋藏在什麼地方。但當人與人生或世界發生關聯後，就開始產生意義了。同時，我們也對因為自己的選擇而產生意義的人生及世界負有責任。

所謂實踐存在的生存方式，並不表示人們只是想要成為什麼其他事物而已。為了某樣事物而感到痛苦，並想要從這種痛苦中逃脫的人，也可以說是實踐了存在的生存方式。因為，他否定了現在的狀況，而將視線投向未來，並且試圖從沒有痛苦的未來中找出意義和價值。

這個狀況就如同，試圖把充滿痛苦的現在化為虛無，雖然目前還無法實現這個願望，但積極地朝向沒有痛苦的未來前進。因此，試圖想要脫離當下痛苦的人，也抱持著實踐存在的生存方式的人所具有的虛無。

沙特認為，在這層意義上，人類就是將虛無召喚到這個世界的存在。

行動形塑了人類的存在

沙特人類觀的特徵是：「人類是由自己所形塑的。」

這並不是指，人類可以成為自己想要成為的人；而是指，人類是藉由行動來形塑自己。這兩者似乎難以區分，但慾望和行動完全是兩回事。

不過一般來說，大家都認為人類在採取行動以前，會先預想各種各樣行動所招致的結果，最後才真正開始行動。或者認為人類在行動以前，會參考某些過去的案例、方針、倫理或法律、普遍的習慣，甚或宗教和神的指示來行動。

但這只是單純的錯覺。雖然人類認為，自己是依照過去案例、法律、習慣、神的話語而採取謹慎的行動，但實際上人要為自己的每一個行動負起責任。即使認為自己是在神的命令下採取行動，也必須要為其負責。

沙特於《存在主義是一種人道主義》（*L'existentialisme est un humanisme*）中舉了被丹麥哲學家齊克果稱為「亞伯拉罕的不安」的舊約聖經故事為例。

神對信仰虔誠的族長亞伯拉罕說：「帶著你的兒子以撒到摩利亞山上，在那裡殺了他獻祭。」亞伯拉罕依照神所言，帶著兒子來到山上，綁住他並放在柴薪上。亞伯拉罕正要舉刀殺了兒子時，聽到天上傳來天使的聲音：「不要殺了那個孩子。神已經了解，你為了神甚至不惜殺害自己的兒子。」接著亞伯拉罕一抬頭，看見一頭角被樹叢勾住的公羊。亞伯拉罕便抓了這隻羊，代替自己的兒子當作給神的獻祭。

這個聖經故事非常知名，曾被作為宗教畫的主題，當然基督徒也都知道，並認為這個故事象徵了亞伯拉罕對神的堅定信仰。

不過，沙特卻從這個故事中看出了存在選擇的不安與個人責任。

亞伯拉罕是否真的聽見了神的聲音？現在也有人宣稱能聽到神的聲音，但要如何證明那就是神的聲音呢？

亞伯拉罕把一剛開始聽到的聲音當作是神的聲音。聽到聲音後，他整個人變得很不安。接著又把第二次聽到的聲音當作是天使的聲音。但為什麼亞伯拉罕並不認為那是來自沙漠惡魔的聲音呢？因為亞伯拉罕心中有信仰，而且這個信仰是亞伯拉罕自己決定要信奉的。更何況，既然沒有人能證明從天上傳來的究竟是誰的聲音，那麼又是誰來決定那是神或天使的聲音呢？當然做決定的也是亞伯拉罕自己。

我們也一樣，會找藉口說是根據宗教的信條、根據法律、為了想跟大家一樣而採取某個行動，但實際上採取行動的還是自己。不管用什麼理由去解釋，那都是自己的選擇，而正是我們所採取的行動形塑了自己。若將這些行動當作是命運，也不過是逃避責任的一個藉口而已。

當然，我們就跟亞伯拉罕一樣，在採取行動之際總會感到不安。但是，我們還是不得不一邊懷抱著不安，一邊採取某個行動。沙特這麼說：「不安並非是讓我們遠離行動的屏幕，不安是我們所採取的行動的一部分。」

如果真的有神的存在，我們應該就能活得比較輕鬆吧。只要盲目地遵從神的指示就好了，不需要迷惘，也不需要猶豫。

因為我們認為，儘管不是神，但若能依附於某個上位者，自己的責任也能變得比較少一點吧，所以我們在每次採取行動之前，都會請別人提供些建議。我們認為只要參考這些建議，就能冷靜且理性地做判斷。

然而，即使如此，最後我們還是得靠自己做判斷並行動。這是因為，也是由我們自己來選擇提供建議的人。我們其實在事先就已經大略知道，哪一個人會提供哪一種建議。我們只是欺騙自己，假裝自己無法做決定，但事實上從一開始就必須由自己來做判斷；就跟亞伯拉罕的情況是一樣的。

付諸行動才有價值

有時候我們不是依據某個人、某條法律或制度，而是單純因為情緒而採取行動，然後把責任歸咎於情緒。

例如，「因為一時衝動而付諸行動」，這句話就只是推卸責任的藉口，而不是事實。不管是什麼樣的衝動，最終決定採取行動的還是自己。

即使情感或慾望如此強烈，但也還是有採取其他行動的選項。然而，選擇採取這樣行動的人正是自己，因此也不得不對這個行動負起責任。

同樣地，當我們想要表達對某個人的愛時，會說：「我愛這個人愛到即使失去性命也在所不惜。」但說這句話也不過是虛有其表。真的要等到自己採取捨棄性命這樣的行動，這份愛才真的具有現實的價值。

並不是先有感情或心情，才採取行動。其實剛好相反，是行動創造出某種感情。因此，我們無法去愛一個跟自己不甚親近且遠在天邊的人，必須要先有具體的愛人的行動，才能萌發愛的感情。

必須要清楚理解一點，現實僅存在於我們每個人所採取的行動當中。即使我們夢想著各種各樣的現實與可能性，但這些都還不是現實。我們可以選擇一個美好的夢想並沉醉其中，但那並不是一個現實的選擇。所謂的現實，是由我們的實際行動構成的。

舉例來說，有些人會哀嘆，由於自己出身背景不好，或是時代、環境的因素，因此無法達成自己的期望。他們會說，因為身處的環境和時代不好，所以自己沒辦法成為藝術家。

但這也不過是這個人對自己說的謊言與詭辯而已，不是先有良好的條件才能採取行動，因為能夠投向並展開行動的永遠是自己。

梵谷在開始畫畫之後，成為了畫家。如果梵谷雖然想要畫畫，但為了填飽肚子而去從事其他工作，那麼梵谷就不會成為畫家。

因此，行動就是創造，是創造出自己的行動。

不是因為具有才華，才能畫出好畫；這幅畫究竟是好還是不好，都是事後才判斷的。畢卡索將自己全身心都投入藝術創作，完成了名為畢卡索這幅畫。像畢卡索這樣的藝術家，就是一直不斷投向的人。

希望僅存在於投向之中。以畫家來舉例，即使心中想著要畫畫，但做了其他事情，那麼這個期望永遠也不會有實現的一天。因此，若想要達到某種成就，唯有不斷地投向並採取現實的行動。

不過，不做投向的生活是有可能實現的嗎？一點都不可能。雖然外表上看起來是過著沒有投向的生活，但事實上每天還是有許多繁瑣而微小的投向。不過在那些將自己全身心都專注於投向的人來看，這樣的生存方式可以說是非常消極的。

如果我們採取更消極、更沒有投向、也不行動的生存方式，這樣會變成不做任何選擇的生存方式嗎？也不是如此的。不選擇、不行動，本身就是一種選擇了。

12 跟著沙特檢視「行動」——賭上自己，接著行動

最典型的例子就是，雖然知道身邊發生了什麼不好的事，但還是假裝沒看到。即使理由是自己不想要參與壞事，但這樣的行為就跟參與了壞事沒有兩樣。若持續無視下去，周遭就會變成壞事橫行的不良環境。

我們每個人所採取的一舉一動，本身就是一種道德行為。不管我們做了什麼樣的選擇，採取了什麼樣的行動，都必須是要能讓周遭的人接受的選擇與行動。

我們的行為創造出現實中的倫理道德。因此，我們不得不對自己的選擇與行動負起責任。並不是說，只要是依據某種規範來做選擇與採取行動就沒問題了；當他人也做出這些選擇和行動時，對我們來說也是可以認可與接受的才行。

只有自己可以自由行動，其他人卻不行，這是不對的。如果自己是自由的，那麼其他人也是自由的。在這層意義上，存在主義可以說是行動的教義，也是一種人道主義。

冀劍制：既然沙特認為人生意義來自於人與世界的關聯，那麼，不同的人和世界產生不同的關聯，是不是就產生了不同的人生意義？在這各種人生意義中是否仍有什麼共通性？

白取春彥：每個人都以各自的生存方式與這個世界產生關聯。同時，也必定藉此來創造自我、創造世界。

而每個人各自的生存方式之間並非完全沒有關連。這是因為，其他人的生存方式一定或多或少會對自己的生存方式產生影響。

亦即，若有越來越多的人可以採取自立的生存方式，他們就可以去影響更多人，創造出整體來說變得比以前更加美好的世界。

國家圖書館出版品預行編目資料

未經檢視的生活不值得過 / 白取春彥, 冀劍制作 ; 嚴敏捷譯. -- 初版.
-- 臺北市 : 商周, 城邦文化出版 : 家庭傳媒城邦分公司發行, 2019.01
面； 公分

ISBN 978-986-477-604-7（平裝）

1.人生哲學 2.自我實現

191.9 107022884

未經檢視的生活不值得過

作　　者／白取春彥、冀劍制
日文翻譯／嚴敏捷
責任編輯／程鳳儀

版　　權／翁靜如、林心紅
行銷業務／林秀津、王瑜
總 編 輯／程鳳儀
總 經 理／彭之琬
事業群總經理／黃淑貞
發 行 人／何飛鵬

法律顧問／元禾法律事務所 王子文律師
出　　版／商周出版
城邦文化事業股份有限公司
台北市中山區民生東路二段 141 號 9 樓
電話：(02) 2500-7008 傳真：(02) 2500-7759
E-mail：bwp.service@cite.com.tw
Blog：http://bwp25007008.pixnet.net/blog
發　　行／英屬蓋曼群島商家庭傳媒股份有限公司城邦分公司
台北市中山區民生東路二段 141 號 2 樓
書虫客服服務專線：(02)2500-7718・(02)2500-7719
24 小時傳真服務：(02)2500-1990・(02)2500-1991
服務時間：週一至週五 09:30-12:00・13:30-17:00
郵撥帳號：19863813 戶名：書虫股份有限公司
讀者服務信箱 E-mail：service@readingclub.com.tw
歡迎光臨城邦讀書花園 網址：www.cite.com.tw
香港發行所／城邦（香港）出版集團有限公司
香港灣仔駱克道 193 號東超商業中心 1 樓
Email：hkcite@biznetvigator.com
電話：(852)2508-6231 傳真：(852)2578-9337
馬新發行所／城邦 (馬新) 出版集團 【Cite (M) Sdn. Bhd.】
41, Jalan Radin Anum, Bandar Baru Sri Petaling,
57000 Kuala Lumpur, Malaysia
電話：(603)90578822 傳真：(603)90576622
Email：cite@cite.com.my

封面設計／王志弘
電腦排版／唯翔工作室
印　　刷／韋懋印刷事業有限公司
總 經 銷／聯合發行股份有限公司 電話：(02)2917-8022 傳真：(02)2911-0053
地址：新北市 231 新店區寶橋路 235 巷 6 弄 6 號 2 樓

■ 2019 年 01 月 23 日初版
■ 2023 年 09 月 07 日初版 3.6 刷

Printed in Taiwan

城邦讀書花園
www.cite.com.tw

定價／ 380 元

ISBN 978-986-477-604-7